틈날 때마다 수학 퀴즈

초판 1쇄 펴냄 2017년 2월 17일
   3쇄 펴냄 2019년 3월 25일

지은이 이경희, 한지민, 서민
그린이 원혜진
펴낸이 고영은 박미숙

사진 제공 위키피디아(ylerfinvold, Archaeodontosaurus, Wegmann, benjamint, Yathin S Krishnappa, Yathin S Krishnappa)

펴낸곳 뜨인돌출판(주) | 출판등록 1994.10.11.(제406-251002011000185호)
주소 10881 경기도 파주시 회동길 337-9
홈페이지 www.ddstone.com | 블로그 blog.naver.com/ddstone1994
페이스북 www.facebook.com/ddstone1994 | 노빈손 www.nobinson.com
대표전화 02-337-5252 | 팩스 031-947-5868

ⓒ 2017 이경희, 한지민, 서민, 원혜진

ISBN 978-89-5807-627-8 73410

이 도서의 국립중앙도서관 출판예정도서목록(CIP)은 서지정보유통지원시스템 홈페이지(http://seoji.nl.go.kr)와 국가자료종합목록시스템(http://www.nl.go.kr/kolisnet)에서 이용하실 수 있습니다. (CIP제어번호 : CIP2017002257)

어린이제품안전특별법에 의한 제품표시
제조자명 뜨인돌어린이 **제조국명** 대한민국 **사용연령** 만 8세 이상

틈날 때마다 수학 퀴즈

글 이경희, 한지민, 서민
그림 원혜진

뜨인돌어린이

작가의 말

아이들이 어려워하고 싫어하는 수학을 쉽게 접하는 우리 생활과 자연스럽게 연결하면 어떨까요? 재밌는 퀴즈와 함께요. 수학을 공부가 아닌 친근한 생활로, 머리를 싸매고 풀어야 하는 문제가 아닌 신나는 게임처럼 즐길 수 있지 않을까요?

이런 고민 끝에 초등 수학 교과서를 집필한 선생님들이 머리를 맞대고 이 책을 만들게 되었답니다.

이 책은 수학을 싫어하는 아이들도 수학에 흥미를 가질 수 있도록 다음과 같이 구성하였습니다.

- OX 퀴즈를 통해 수학 퀴즈에 대한 흥미 높이기
- 단계별 퀴즈를 통해 수학 개념 형성하기
- 문제를 푸는 과정을 통해 문제해결능력 향상하기
- 서술·논술형 평가에 대비하기
- 교과서 수학이 아닌 우리 생활에서 찾은 소재로 살아 있는 수학과 연결하기
- STEAM(과학 Science, 기술 Technology, 공학 Engineering, 예술 Arts, 수학 Mathematics) 수학으로 확장하기

'티끌 모아 태산'이라는 속담이 있습니다. 하나의 수학 퀴즈는 티끌처럼 작을 수 있습니다. 하지만 틈날 때마다 틈틈이 풀어 가는 수학 퀴즈는 태산이 되어 수학에 대한 자신감으로 자랄 것입니다. 그리고 더 나아가 수학을 통해 원하는 꿈을 이룰 수 있도록 큰 도움을 줄 것입니다.

매일매일 틈나는 대로 조금씩 우리 생활 속에 숨어 있는 수학과 만나 친구가 되길 바랍니다.

이경희, 한지민, 서민

이 책의 활용법

읽고 싶은 부분부터 보세요

이 책은 이야기가 연결되거나, 수준별 단계가 나뉘지 않았습니다. 그러니 처음부터 볼 필요가 없고, 관심이 가는 부분부터 펼쳐 보면 됩니다. 또한 앉은 자리에서 한 번에 읽고 끝낼 필요도 없습니다. 가까이에 이 책을 두고 조금씩 자주 읽으면 수학에 대한 흥미를 더 오래 유지할 수 있답니다.

문제를 풀고, 직접 만들어 보기도 하세요

『틈날 때마다 수학 퀴즈』는 수학 문제집이 아닙니다. 그러니 책에 나온 문제를 당장 모두 해결하려고 애쓰지 않아도 됩니다. 수학 이야기를 읽고 난 후 문제에 호기심이 생길 때 도전하면 된답니다. 책에 나온 문제뿐만 아니라 스스로 직접 문제를 만들어 친구나 가족과 함께 풀어 보세요. 자신도 모르는 사이에 수학적 사고력이 쑥~ 쑥~ 자라날 것입니다.

일상생활과 수학을 관련 지어 보세요

일상생활에서 어떤 상황이나 물건을 볼 때 사소한 것일지라도 '이것이 수학과 어떤 관련이 있을까?' 하고 생각하는 습관을 가져 보세요. '물컵에도 수학적 원리가 있을까?' '지하철 노선은 수학과 관련이 있을까?' 이렇게 관심을 갖는 것에서 수학 공부가 시작된답니다.

수학은 문제를 푸는 것이 전부가 아니랍니다. 지금 당장 정답을 모른다고 답답해하지 말고 이 책에 있는 질문처럼 수학에 의문을 품고 해답을 찾아 가다 보면 진정한 수학의 재미를 느낄 수 있게 될 것입니다.

차례

1장 내 몸에 숨은 수학 퀴즈

하루에 싸는 똥의 양은? ········· 14
머리카락은 얼마나 빨리 자라지? ········· 16
해열제는 얼마나 먹어야 하지? ········· 18
왜 우리 몸에 지문이 있는 걸까? ········· 20
자 대신 우리 몸을 이용할 수 있다고? ········· 22
내 눈이 이상하다고? ········· 24
마라톤 선수가 마시는 물의 양은? ········· 26
오늘 내가 먹은 음식의 열량은? ········· 28

2장 자연에 숨은 수학 퀴즈

가장 빠른 동물은? ········· 32
해바라기 씨의 방향은 왜 그 모양이야? ········· 34
고사리 잎은 왜 톱니 모양일까? ········· 36
제비 알은 한쪽이 왜 뾰족할까? ········· 38
거미줄은 왜 나선형일까? ········· 40
개미는 왜 힘이 셀까? ········· 42
멜론 껍질에는 왜 그물 무늬가 있지? ········· 44
쌀 1kg을 수확하는 데 필요한 물은? ········· 46
눈송이는 어떤 모양일까? ········· 48

3장 생활 속 수학 퀴즈

지하철 요금은 어떻게 정해지는 거야? ················ 52
신용카드는 왜 그런 크기로 만들었을까? ················ 54
얼마나 싼 거야? ················ 56
물을 절약하는 방법에는 뭐가 있지? ················ 58
미국 동전 한국 동전, 어떻게 다르지? ················ 60
뭐라고 부르지? ················ 62
왜 돈이 늘어나지? ················ 64
표지판에 뭐라고 써 있지? ················ 66
맨홀 뚜껑은 왜 동그랄까? ················ 68
골판지 안에 왜 삼각형이 들어 있지? ················ 70
내 발에 맞는 신발 사이즈는 뭘까? ················ 72
똑똑한 컴퓨터가 0과 1만 안다고? ················ 74
기저귀가 썩는 데 100년이 걸린다고? ················ 76
나라별 인구수를 읽을 수 있니? ················ 78
어떤 피자가 크지? ················ 80
음악에도 수학이 있다고? ················ 82
들이와 부피가 다른 거야? ················ 84
캔 음료는 왜 원기둥 모양일까? ················ 86

4장 이야기가 있는 수학 퀴즈

네이피어 막대로 곱셈을 한다고? ················ 90
숫자 사이의 쉼표는 어디에 찍지? ················ 92
시계 속에 저 문자도 숫자라고? ················ 94
좁쌀 한 톨로 부자가 될 수 있다고? ················ 96
큐드럼을 어디에 사용하지? ················ 98
병뚜껑 톱니 개수는 몇 개일까? ················ 100

튼튼한 돌탑을 쌓으려면? ··········· 102
한옥 처마는 왜 들려 있을까? ··········· 104
1분은 왜 60초일까? ··········· 106
명절에는 홀수가 왜 두 번 겹칠까? ··········· 108
태극기를 어떻게 그릴까? ··········· 110
치즈를 만들 때 필요한 우유의 양은? ··········· 112

5장 즐거운 놀이 속 수학 퀴즈

왜 윷놀이할 때 모는 잘 안 나오지? ··········· 116
리그전, 토너먼트전이 뭐지? ··········· 118
내 몸의 겉넓이는 어떻게 구하지? ··········· 120
거울로 재미있는 놀이를 할 수 있다고? ··········· 122
주사위는 왜 모두 정다면체일까? ··········· 124
롤러코스터에도 수학이? ··········· 126
마방진이 뭐야? ··········· 128
오르락내리락 시소에 수학이 있다고? ··········· 130
달리기의 출발선이 다른 이유는? ··········· 132
종이비행기의 모양은? ··········· 134
숫자 놀이에 숨은 법칙을 찾아라! ··········· 136
암호를 풀라고? ··········· 138
모래로 시계를 만든다고? ··········· 140

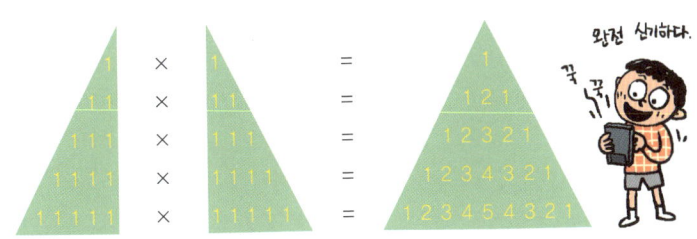

1장

내 몸에 숨은 수학 퀴즈

하루에 싸는 똥의 양은?

건강한 어른이 정상적인 식사를 하면 하루에 100~200g의 똥을 싼다고 해. 귤 하나의 무게가 약 100g이니까 어느 정도의 양인지 짐작이 가지?

아시아, 아프리카, 아메리카, 유럽 등 세계 여러 대륙에 살고 있는 사람들 중에서 누가 똥을 가장 많이 쌀까?

고기를 많이 먹는 아메리카 사람들일 것 같다고? 정답은 아프리카 사람들이래. 하루에 약 400~700g 정도의 똥을 싼다고 하니 어마어마하지?

왜 이런 차이가 생기는 걸까? 그건 바로 아프리카 사람들이 다른 대륙 사람들보다 섬유질을 많이 섭취하기 때문이야. 섬유질은 식물성 식품에 많이 들어 있는데, 작은창자를 지날 때까지 소화되지 않고 몸속의 노폐물을 청소해 주는 역할을 하지.

너희도 섬유질이 풍부한 음식을 많이 먹고 똥의 왕에 도전해 볼래?

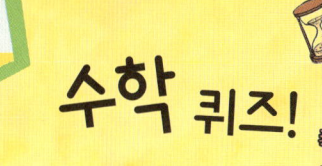

수학 퀴즈!

OX 퀴즈

우리나라 사람이 아프리카 사람보다 하루에 싸는 똥의 양이 더 많다.

1단계 우리나라 사람은 하루에 100g의 똥을 싸고, 아프리카 사람은 하루에 600g의 똥을 싼다면, 두 사람이 하루 동안 싼 똥의 양은 얼마나 차이가 날까?

2단계 내가 날마다 똥을 150g씩 싼다면 일주일 동안 싼 똥의 양은 총 얼마지?

3단계 내가 매일 똥을 200g씩 싼다면 일 년 동안 싼 똥의 양은 총 몇 kg이 될까?

정답: × / 600(g)−100(g)=500(g) / 일주일은 7일이므로 150(g)×7=1,050(g) / 일 년은 365일이므로, 200(g)×365=73,000(g)이지. 1,000g=1kg이니까 73kg

머리카락은 얼마나 빨리 자라지?

머리카락은 머리칼, 머리털 또는 간단히 머리라고도 해. 머리카락의 성분은 단백질의 일종인 케라틴이란다.

머리카락은 개인에 따라 곱슬한 정도나 색깔이 모두 다르고, 성장 속도 또한 달라. 동양인은 하루 평균 0.3mm가 자라지. 만약 12만 개의 머리카락을 가진 동양인이 있다면 하루에 약 36m(36,000mm)가 자라는 셈이야.

나이가 들면 왜 머리카락이 하얗게 변할까? 그건 바로 머리카락에 있는 멜라닌 색소 때문이야. 유멜라닌이 많을수록 흑색, 페오멜라닌이 많을수록 갈색이 돼. 그런데 나이가 들면 신진대사가 느려져서 멜라닌을 만드는 능력이 떨어져. 그래서 머리카락이 점점 하얗게 변하는 거란다.

그런데 요즘은 젊은 사람들 중에도 머리가 하얗게 센 사람이 있어. 그걸 새치라고 하는데, 주요 원인은 스트레스 때문이래. 설마 지금 수학 공부하는 데 스트레스 받는 건 아니지?

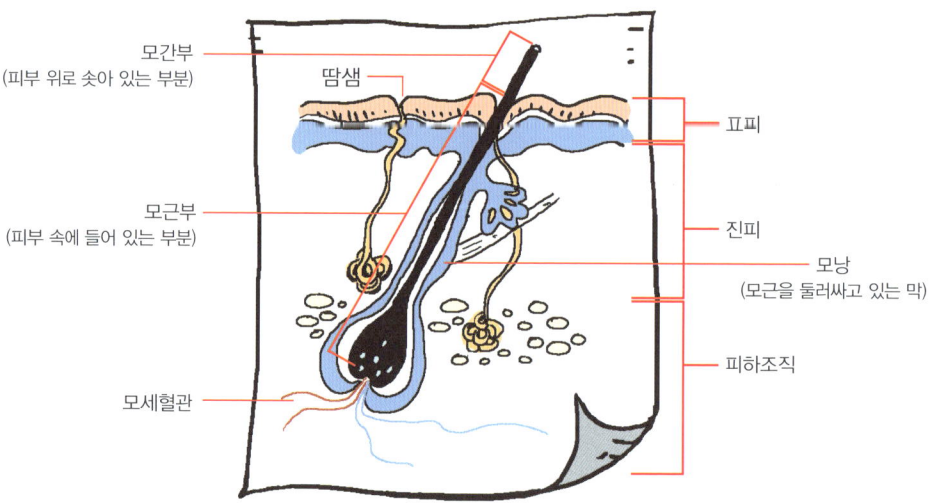

 OX 퀴즈

머리카락의 성장 속도는 인종에 상관없이 동일하다.

1단계 동양인의 머리카락은 하루 평균 0.3mm가 자란다고 해. 일주일 동안 얼마나 자랄까?

2단계 머리카락이 하루 평균 0.3mm가 자란다면, 일 년 동안은 몇 cm가 자랄까?

3단계 머리카락이 하루 평균 0.5mm씩 자라는 사람이 12만 개의 머리카락을 가지고 있다면, 하루에 자란 머리 길이는 총 몇 m일까?

정답 : × / 0.3(mm)×7=2.1(mm) / 0.3(mm)×365=109.5(mm), 1cm=10mm이므로 10.95cm / 0.5(mm)×120,000=60,000(mm), 60,000mm=6,000cm가 되고 6,000cm=60m가 된다.

해열제는 얼마나 먹어야 하지?

자다가 갑자기 뜨끈뜨끈 열이 날 때가 있지? 밤늦은 시간이라 근처 병원 문은 모두 닫았고, 집에 있는 해열제라도 먹어야 열이 떨어질 텐데……. 그런데 어떤 해열제를 얼마나 먹어야 할지 모르겠다고?

해열제는 크게 아세트아미노펜 성분의 타이레놀과 이부프로펜 성분의 부루펜, 두 종류가 있단다.

이 두 가지 약의 성분이 달라서 한 종류 약으로 열이 안 떨어질 때는 다른 한 종류의 해열제를 또 먹기도 해. 하지만 연이어 먹는 건 좋지 않아. 최소한 4시간 간격을 두고 먹어야 해.

보통 해열제는 몸무게에 따라 먹는 양이 정해져 있어.

몸무게	1회 용량
43kg 이상	25mL
38~42.9kg	20mL
30~37.9kg	15mL
21~29.9kg	13mL
16~20.9kg	9.5mL
12~15.9kg	7mL
10~11.9kg	5mL
7.9~9.9kg	4mL

만약 내 몸무게가 25kg이라면 한 번에 13mL 정도 먹으면 되겠지?

 ○✕ 퀴즈

해열제의 종류는 한 가지뿐이다.

1 단계 몸무게가 15kg이라면 해열제를 얼마나 먹어야 할까? 왼쪽 표를 보고 답해 봐.

2 단계 몸무게가 25kg인 사람이 하루에 해열제를 모두 4번 먹었다면 얼마나 먹은 셈이지? 왼쪽 표를 보고 답해 봐.

3 단계 우리 집에 125mL짜리 해열제가 한 병 있어. 몸무게가 25kg인 사람이 모두 몇 번에 걸쳐 해열제를 먹을 수 있을까? 왼쪽 표를 보고 답해 봐.

정답 : ✕ / 7mL / 13(mL)×4(회)=52(mL) / 25kg이면 1회 13mL를 먹으므로 13(mL)×9(회)=117(mL)로 모두 9번을 먹을 수 있다. 또는 125(mL)÷13(mL)=9…8 이므로 9번을 먹고 나면 8mL가 남는다.

 ## 왜 우리 몸에 지문이 있는 걸까?

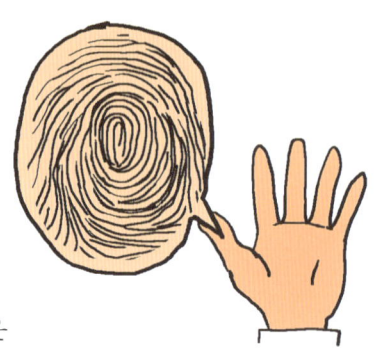

우리 몸의 손가락과 발가락 안쪽 끝을 보면 주름이 잡혀 있어. 바로 지문이란다.

지문은 사람마다 그 모양이 달라. 일란성 쌍둥이들도 지문 모양은 다르지. 그래서 범죄 현장에서 수사의 단서로 사용돼.

지문 모양은 각기 다르지만 모두 부드럽게 굽은 곡선이야. 꼭 산이나 계곡 모양 같지.

그런데, 왜 우리 몸에 지문이 있는 걸까? 그냥 매끈하면 안 되는 걸까? 그건 물건을 손으로 잡을 때 미끄러지지 않게 하기 위해서란다. 지문이 손끝의 물기를 잘 빠지게 해서 젖은 표면을 잡을 때 수월하게 하거든. 또한 손과 발에 가해지는 충격을 줄여 주기도 하지.

신발 바닥, 자전거의 손잡이, 타이어 등은 지문의 미끄럼 방지 기능을 흉내 내서 만든 물건들이란다.

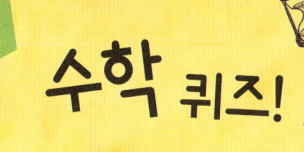

수학 퀴즈!

  OX 퀴즈

지문은 부드럽게 굽은 곡선이다.

1단계 부드럽게 굽은 선을 곡선이라고 해. 그렇다면 두 점 사이를 잇는 곧게 뻗은 선을 뭐라고 할까?

2단계 다음 중 곡선을 가지고 있지 않은 사물은 어느 것일까?

❶    ❷    ❸

3단계 다음 중 곡선으로만 이루어진 그림은 어느 것일까?

❶    ❷    ❸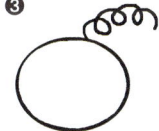

정답 : O / 직선 / ❷ / ❸

자 대신 우리 몸을 이용할 수 있다고?

우리 몸의 각 부분의 길이를 알면 자를 사용하지 않고도 길이를 대략 알 수 있어.

실제로 자가 있기 전, 고대 이집트에서는 팔꿈치부터 가운뎃손가락 끝까지의 길이를 '큐빗'이라 하고 길이를 재는 데 사용했어. 미국이나 영국 등에서 오늘날에도 사용하고 있는 단위인 피트는 발뒤꿈치에서부터 엄지발가락 끝까지의 길이인데, 고대 로마제국에서 사용하였지.

그런데 언어가 다르면 서로 무슨 말을 하는지 알아듣지 못하는 것처럼 나라마다 사용하는 단위가 다르면 무척 불편해. 또한 사람마다 한 뼘, 발 크기가 달라 정확한 수치를 알 수 없었지.

실제로 단위가 통일되지 않아 화성기후탐사선이 폭발한 사고도 있었어. 탐사선을 만든 사람은 '야드' 단위를 사용했고, 항공 우주국은 '미터' 단위를 사용해서 착륙 거리를 계산했기 때문이었지.

그래서 지금은 길이 단위를 통일해서 쓰는데 그것을 '표준 단위'라고 해. 현재 쓰고 있는 길이의 표준 단위는 미터(m)란다.

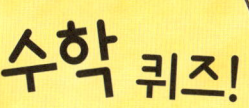

○× 퀴즈
팔꿈치부터 가운뎃손가락 끝까지의 길이를 1큐빗이라고 한다.

1단계 내 손톱의 크기는 1cm야. 연필을 손톱 크기로 8번 재었다면, 연필의 길이는 얼마나 될까?

2단계 선물을 포장할 끈을 나랑 엄마가 각각 한 뼘을 잰 후 잘랐어. 그런데 자른 길이가 달랐어. 그 이유는 무엇일까?

3단계 얼굴이 작고 키가 큰 아름다운 여인을 묘사할 때, 8등신 미인이라는 말을 하지? 8등신은 얼굴과 키의 비가 1:8인 경우를 말해. 만약, 키가 176cm인 여인이 8등신 미인이라면 그 여인의 얼굴 길이는 얼마나 될까?

정답 : ○ / 8cm / 엄마와 나의 한 뼘 길이가 다르기 때문이다. / 22cm (1:8=□:176, □=176÷8=22)

내 눈이 이상하다고?

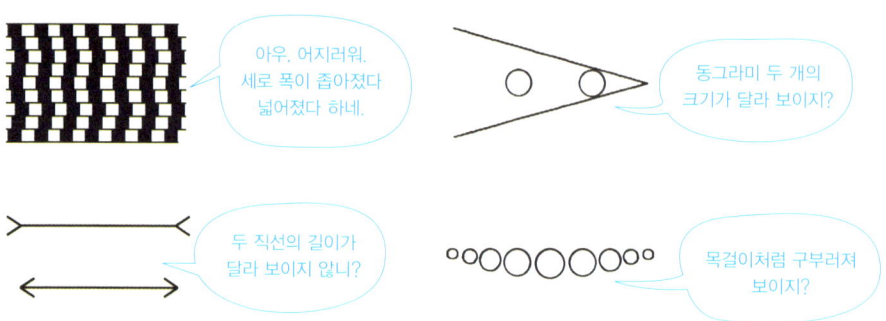

이렇게 선을 한번 그어 볼게. 다시 한 번 봐 봐.

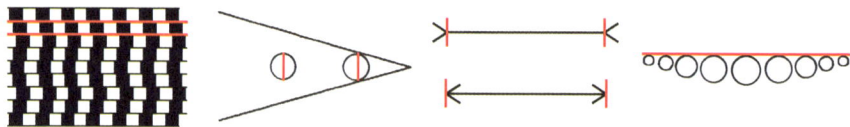

어때? 폭을 나누는 선분은 평행하고, 동그라미 지름도 같고, 위아래 두 선분의 길이도 같고, 동그라미도 같은 일직선상에 있지?

꼭 눈이 마술을 부린 것 같아. 이렇게 우리가 눈으로 어떤 사물을 볼 때 주변의 영향으로 실제와 다르게 보이는 현상을 '착시'라고 해. 네 눈이 이상한 게 아니니까 병원에 갈 필요는 없다고~.

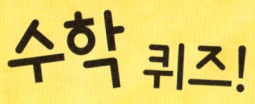

OX 퀴즈

착시는 내 눈이 피곤할 때만 그렇게 보이는 일시적 현상이다.

1 단계  두 선분 중 어느 게 더 길까?

2 단계  까만 원 두 개 중 어느 원이 더 클까?

3 단계  직사각형 안에 있는 두 개의 수평선은 평행일까, 아닐까?

정답 : × / 두 선분의 길이가 같다. / 까만 두 원의 크기가 같다. / 평행이다.

마라톤 선수가 마시는 물의 양은?

아주 오랜 옛날, 아테네 북동쪽에 있는 마라톤 평야에서 그리스와 페르시아 사이에 전쟁이 일어났어. 전쟁에서 이긴 그리스는 기쁜 소식을 전하려고 한 군인을 마라톤에서 아테네까지 보냈어. 군인은 약 40km를 온 힘을 다해서 뛰었어. 그리고 아테네 시민들에게 그 기쁜 소식을 전하고는 쓰러져 죽었대. 그 뒤, 제1회 올림픽 때부터 마라톤은 올림픽의 종목으로 선정돼서 지금까지도 경기가 치러지고 있어.

그런데, 마라톤 경기를 보다 보면 중간중간에 선수들이 물을 마셔. 마라톤 선수들은 경기 중에 왜 물을 많이 마시는 걸까?

그 이유는 체온 유지를 위해서란다. 마라톤을 할 때 체온은 1분에 약 0.17도씩 올라가. 30분이 지나면 체온은 5.1도가 올라가서 거의 42도가 되겠지? 그렇게 되면 체온이 너무 높아서 몸이 제 기능을 할 수 없어.

우리 몸은 체온이 올라가는 것을 막기 위해 땀을 내잖아. 마라톤을 할 때도 계속 땀을 낼 수 있도록 10분에 약 0.2L의 물을 마시는 거야. 42.195km를 뛰는 마라톤 경기에서 2시간 10분(130분)을 뛰었다면 약 2.6L의 물을 마시게 되지.

수학 퀴즈!

 O X 퀴즈
마라톤 경기에서는 중간에 물을 마실 수 없다.

1단계 올림픽에서 마라톤 선수들은 얼마나 되는 거리를 뛰는 걸까?

2단계 마라톤 선수가 약 0.4L의 물을 마셨다면 몇 분 동안 달렸다고 생각할 수 있을까?

3단계 마라톤 선수가 출발하고 나서 1시간 40분을 뛰었다고 할 때 필요한 물의 양은 얼마나 될까?

정답 : ✕ / 42.195km / 약 20분(0.4÷0.2=2, 10(분)✕2=20(분)) / 약 2L가 필요하다. 1시간 40분=100분, 100(분)÷10(분)=10, 10✕0.2(L)=2(L)

오늘 내가 먹은 음식의 열량은?

과자나 음료수 포장 뒷면에 있는 영양 성분표를 살펴보면 열량이 쓰여 있을 거야. 열량이란, 음식에 얼마나 많은 에너지를 포함하고 있는가를 수치로 나타낸 거야. '칼로리(cal)'라는 단위를 쓰는데, 음식에는 '킬로칼로리(kcal)'라는 단위를 사용해서 나타내지.

보통 어른들은 하루에 2,000~2,700kcal 정도의 음식을 먹으면 적당하고, 어린이는 그보다 적은 1,500~1,800kcal 정도면 충분해.

음식(1인분)	열량(kcal)	음식(1인분)	열량(kcal)
김밥	480	야채 샐러드 한 접시	125
김치볶음밥	530	떡국	430
카레라이스	366	비빔밥	535
삶은 계란 한 개	80	오므라이스	545

아래 그림은 250kcal의 열량을 소모하는 데 필요한 활동이야.

걷기 70분

제자리뛰기 15분

빨리 걷기 25분

자전거 55분

스케이트 62.5분

탁구 60분

빨래 87.5분

테니스 37.5분

수학 퀴즈!

OX 퀴즈
열량을 나타내는 단위는 kg이다.

1단계 점심에 김밥 2인분을 먹었다면 내가 섭취한 음식의 열량은 얼마일까?
왼쪽 표를 보고 답해 봐.

2단계 500kcal의 열량을 소모하려면 탁구를 몇 분이나 쳐야 하지?
왼쪽 그림을 보고 답해 봐.

3단계 하루에 1,500kcal만큼의 음식을 먹는다면 어떤 음식들을 먹을 수 있을까?
왼쪽 표를 보고 답해 봐.

정답 : × / 480×2=960(kcal) / 250kcal의 열량을 소모하려면 탁구를 60분 쳐야 하므로, 60×2=120(분), 2시간 / kcal를 합쳐서 1,500이 되면 돼. 예) 김치볶음밥, 떡국, 카레라이스, 삶은 달걀 2개, 예) 김밥, 오므라이스, 떡국

2장
자연에 숨은 수학 퀴즈

가장 빠른 동물은?

육지에 사는 아래 동물 중에서 가장 빠른 동물은 누구일까?

케이프멧토끼

치타

타조

프롱혼

　가장 빠른 동물은 치타로, 시속 115km로 달릴 수 있어. 이것은 한 시간에 115km를 달릴 수 있다는 뜻이야. 두 번째로 빠른 동물은 누굴까? 마지막 사진 속 주인공인 프롱혼(가지뿔영양)이야. 프롱혼은 북아메리카 지역에 사는 영양의 한 종류인데, 시속 100km 이상으로 달릴 수 있지.

　세 번째는 바로 타조야. 타조는 날지 못하는 새이지만 달리기는 얼마나 빠른지 시속 90km로 달릴 수 있어. 그런데 놀라운 건, 별로 빠를 것 같지 않은 토끼가 무려 시속 77km나 달릴 수 있다는 사실! 모든 토끼가 그 정도로 빨리 달리는 건 아니고 아프리카에 사는 케이프멧토끼가 그렇지.

> 속력은 일정한 시간 동안 이동한 거리를 나타내는 단위야. 만약 한 시간 동안 1km를 달렸다면 속력은 1km/h이야. '/'는 per(퍼)라고 읽으며 '~당'이라는 뜻이고, 'h'는 시간을 나타내는 단어 'hour'를 줄여서 나타낸 것이지. 그렇다면 1초 동안 10m를 달렸다면 속력은 어떻게 될까? 10m/s라고 표시해. 여기서 's'는 초를 나타내는 단어 'second'를 줄여서 나타낸 것이란다.

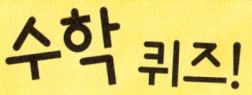

 ○× 퀴즈
시속 77km로 달린다면 속력은 77km/h이다.

1단계 치타, 타조, 토끼, 프롱혼을 빠른 순서대로 나타내 보면?

2단계 치타는 한 시간 동안 115km를 달릴 수 있어. 이것을 속력으로 나타내면?

3단계 프롱혼의 달리기 속력은 100km/h야. 그러면 30분 동안 얼마나 갈 수 있을까?

정답 : ○ / 치타 > 프롱혼 > 타조 > 토끼 / 115km/h /
30분은 한 시간의 절반이므로 100÷2=50. 50km를 갈 수 있다.

해바라기 씨의 방향은 왜 그 모양이야?

해바라기 씨앗의 배열을 자세히 살펴보면 시계 방향과 반시계 방향의 나선을 발견할 수 있어.

해바라기의 크기에 따라 다르지만 어느 한쪽 방향으로 씨앗이 배열된 나선의 개수가 21개이면 다른 방향으로는 34개야. 또는 한쪽 방향으로 34개이면 다른 방향으로는 55개야.

이는 피보나치 수열을 따르기 때문이야. 아래 표가 바로 피보나치 수열인데 규칙을 찾을 수 있겠니?

1, 1, 2, 3, 5, 8, 13, 21, 34, 55 …
↑ ↑
3+5 21+34

처음 두 항은 1이고, 세 번째 항부터 앞의 두 항의 합이 되지. '항'이란 수열을 이루는 각 수를 말한단다. 예를 들면 8은 앞의 두 항 3과 5의 합이야. 그리고 55는 앞의 두 항 21과 34의 합이지.

그럼 왜 이렇게 씨앗이 배열될까? 그건 피보나치 수열 방식이 좁은 공간에 많은 씨를 배열하는 최선의 방법이기 때문이야. 그리고 비바람에도 잘 견딜 수 있지.

○✕ 퀴즈

해바라기 씨앗은 시계 방향으로만 나 있다.

1단계 피보나치 수열에서 21은 어떤 수의 합일까?

2단계 피보나치 수열에서 1, 1, 2, 3, 5, 8, 13, 21, 34, 55 다음에 오는 수는 뭘까?

3단계 피보나치 수열의 규칙에 따라 아래 빈칸을 채워 봐.

1, 1, ☐, 3, 5, ☐, 13, 21, ☐, 55, ☐, ☐

정답 : ✕ / 8+13 / 34+55=89 / 2, 8, 34, 89, 144

고사리 잎은 왜 톱니 모양일까?

갈색의 맛있는 고사리나물 무침을 먹어 봤니? 고사리 잎은 작은 잎이 모여 붙어 한 장의 큰 잎을 이뤄. 그런데 작은 잎이나 큰 잎이나 모양이 같아. 이렇게 부분이 전체와 닮아 있는 형태를 프랙털(fractal)이라고 해.

고사리는 양치식물이야. 양치식물은 키가 작고 잎이 많아. 그러다 보니 습한 땅과 가까워서 통풍이 잘 안 되어 썩기 쉽지. 그래서 공기가 잘 통하도록 잎이 프랙털 구조로 발달했어.

자연을 잘 살펴보면 프랙털 구조를 많이 찾아볼 수 있어. 브로콜리는 전체 송이와 가지에서 떼어 낸 부분 송이가 모양이 같아. 그 밖에 눈송이, 나무 등도 프랙털 구조란다.

함께 프랙털 구조로 유명한 시어핀스키 삼각형을 그려 볼까?

① 정삼각형을 그린다.

② 정삼각형의 세 변의 중점을 이으면 작은 정삼각형이 만들어진다.

③ 가운데 삼각형을 빼고, 나머지 3개의 작은 정삼각형 각각에 대하여 ②와 같은 과정을 되풀이한다.

수학 퀴즈!

 ○× 퀴즈

고사리 잎은 매끈하다.

1단계 부분이 전체와 닮은 형태를 뭐라고 부를까?

2단계 프랙털 구조인 시어핀스키 삼각형이 만들어지는 과정 중 ▨ 안에 들어갈 그림을 그리면?

3단계 프랙털 구조인 코흐 눈송이가 만들어지는 과정 중 ▨ 안에 들어갈 그림을 고르면?

① ② ③

정답 : × / 프랙털 / / ①

제비 알은 한쪽이 왜 뾰족할까?

따뜻한 봄이 되면 찾아오는 새, 제비! 제비는 전래동화 『흥부전』에서 은혜 갚는 새로도 나왔었지.

제비는 까만 점무늬가 있는 알을 4~6개씩 낳아. 제비 알은 한쪽 끝이 달걀보다 더 길쭉하고 뾰족하게 생겼어. 생일 파티 때 쓰는 고깔모자나 아이스크림콘처럼 생겼지. 이런 모양을 원뿔이라고 해.

그런데, 제비 알은 왜 원뿔 모양을 닮았을까? 만약 알이 직육면체나 삼각기둥처럼 각기둥 모양이었다면 엄마 제비가 알을 품기 힘들었을 거고, 모서리끼리 부딪혀 잘 깨졌을 거야. 또 동글동글한 구였다면 잘 굴러떨어져서 깨질 일이 많았겠지?

제비 알은 꼭짓점을 중심으로 둥근 모양으로 되어 있어서 알끼리 모여 있을 때 알과 알 사이의 공간이 적어. 그래서 엄마 제비가 알들을 품을 때 알들이 좀 더 따뜻하단다. 제비는 참 똑똑하지?

○× 퀴즈
제비 알 모양은 원기둥이다.

1단계 원뿔에서 뾰족한 곳은 몇 군데일까?

2단계 제비 알은 원뿔 모양이야. 원뿔을 직육면체 모양의 상자와 비교했을 때 다른 점은 뭘까?

3단계 원뿔을 꼭짓점에서부터 세로로 길게 자르면 어떤 모양이 나올까?

정답 : × / 한 군데(원뿔의 꼭짓점에 해당) / 옆면이 굽은 면(곡면)으로 되어 있다. 꼭짓점의 개수가 다르다 등 여러 가지 답이 나올 수 있다. / 삼각형

 거미줄은 왜 나선형일까?

우리 주변에서 거미를 흔히 볼 수 있어.

거미는 몸이 머리가슴과 배, 두 개 마디로 이루어져 있고, 다리가 8개야. 더듬이나 날개는 없지만 눈은 많단다. 보통 8개의 홑눈을 갖고 있지. 발에는 발톱이 있어서 거미줄에 매달리거나 벽을 타기 쉬워. 물리면 생명이 위험한 독거미도 있는데, 우리나라에는 독성이 강한 거미는 없단다.

대부분의 거미는 배 끝에 있는 '실젖(방적돌기)'에서 거미줄을 만들어. 거미는 거미줄을 치고 그 안에 살며 먹이가 걸리면 잡아먹어. 거미줄은 끈끈해서 걸렸다 하면 꼼짝 못 하지. 눈이 나쁜 거미는 거미줄이 떨리면 먹이가 잡혔다는 것을 알게 돼.

거미줄을 만들 때 큰 틀을 먼저 만들고 틀 안 한가운데 있는 중심점을 기준으로 방사선 모양의 세로 실을 여러 개 바깥 틀과 연결해. 그러고서 중심에서부터 뱅글뱅글 소용돌이 모양으로 실을 뽑아 나간단다. 이렇게 만든 거미줄의 모양을 나선형이라고 해. 원과 비교했을 때 다른 점은 뭘까?

원은 막혀 있는 닫힌곡선이어서 선이 만나는데, 나선은 선을 이어 나갈수록 커져서 선이 서로 만나지 않는 열린곡선이란다. 나선형은 나팔꽃이나 호박의 굽어 있는 덩굴손, 달팽이와 소라의 껍데기, 둥근 계단 등에서도 볼 수 있어.

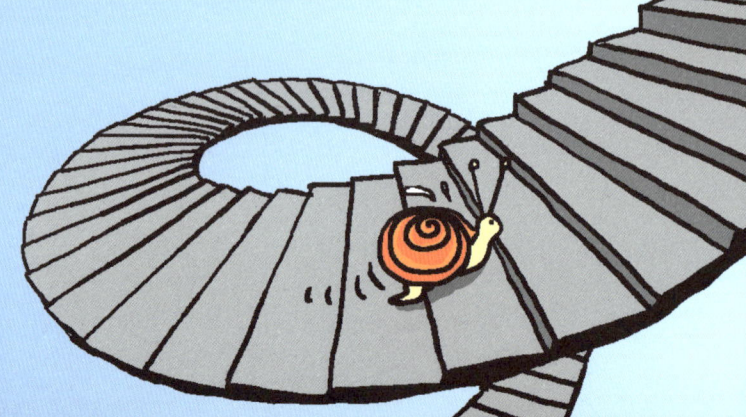

수학 퀴즈!

 OX 퀴즈

거미줄은 원 모양이다.

1단계 거미줄처럼 나선 모양을 하고 있는 것은 어떤 게 있을까?

2단계 나선형과 원의 다른 점은 무엇일까?

3단계 나선형의 길이는 어떻게 구할 수 있을까?

정답 : × / 덩굴손, 달팽이와 소라 껍데기 등 / 나선형은 계속 커지는 열린 곡선이고, 원은 닫힌곡선이다. / 끈이나 실을 이용하여 둥근 곳을 따라 길이를 표시한 후, 끈을 반듯하게 펴서 자를 이용해 길이를 잰다.

개미는 왜 힘이 셀까?

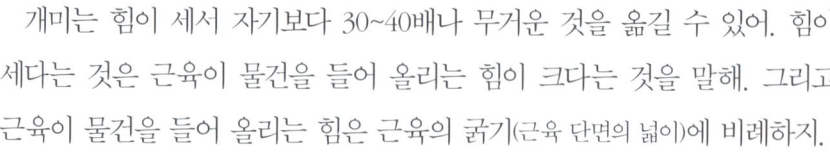

개미는 힘이 세서 자기보다 30~40배나 무거운 것을 옮길 수 있어. 힘이 세다는 것은 근육이 물건을 들어 올리는 힘이 크다는 것을 말해. 그리고 근육이 물건을 들어 올리는 힘은 근육의 굵기(근육 단면의 넓이)에 비례하지.

키가 1인 곤충과 그 곤충보다 두 배 더 큰 곤충의 힘을 비교하기 위해 이해하기 쉽게 도형에 비유해서 계산해 볼까?

정사각형의 넓이 변화
한 변의 길이가 1cm인 정사각형의 넓이 1×1=1
한 변의 길이가 2cm인 정사각형의 넓이 2×2=4

정육면체의 부피 변화
한 변의 길이가 1cm인 정육면체의 부피 1×1×1=1
한 변의 길이가 2cm인 정육면체의 부피 2×2×2=8

다시 말해서, 동물의 몸길이가 두 배가 되면 부피와 체중은 여덟 배가 되지만 근육의 굵기는 네 배밖에 늘어나지 않아. 그런데 개미는 몸집에 비해 근육이 굵기 때문에 작은 몸에 비해 큰 힘을 낼 수 있다는 말씀!

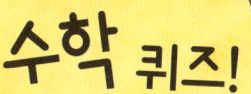

 ○× 퀴즈

개미는 자기보다 몇 십 배 무거운 물건을 들 수 있다.

1 단계

일개미가 50마리 있었어. 그중 몇 마리가 먹이를 찾으러 나갔더니 12마리만 남았어. 먹이를 찾으러 간 일개미는 모두 몇 마리일까?

2 단계

한 개미가 마법에 걸려서 키가 3배 커졌어. 근육은 몇 배가 커졌을까?

3 단계

마법에 걸려서 키와 몸집이 3배 커진 개미는 몸집에 비해 힘을 얼마나 쓸 수 있을까?

정답 : ○ / 38마리(50-12=38) / 9배(3×3=9) / 몸집에 비해 힘이 $\frac{1}{3}$배로 줄어든다.
(근육 9, 몸집 3×3×3=27, $\frac{9}{27}=\frac{1}{3}$)

# 멜론 껍질에는 왜 그물 무늬가 있지?

멜론은 왜 동그란 공 모양일까?
그건 바로, 최소 면적으로 내용물을 가장 많이 담을 수 있기 때문이야. 또한 공 모양은 햇빛을 골고루 받을 수 있고, 떨어뜨렸을 때 손상도 적지. 그래서 사과, 오렌지, 수박, 배 등 대부분의 과일이 공 모양인 거란다.
멜론의 성장 과정을 살펴볼까? 꽃이 시들면 꽃 아랫부분이 부풀면서 어린 멜론이 생겨.

어린 멜론은 그물 모양이 없어.

점점 자라 열매 속의 씨도 커지고 많아져.

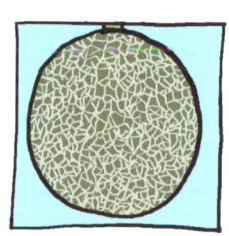
일주일 정도 지나면 금 간 부분이 울퉁불퉁한 그물 무늬로 변해.

껍질에 빠지직 하고 금이 가기 시작해. 멜론이 깨졌냐고? 아니야. 열매 속이 커지려는 힘이 너무 세서 껍질이 그 힘을 견디지 못하고 금이 간 거야.

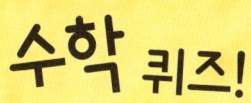

수학 퀴즈!

 O✕ 퀴즈

어린 멜론은 그물 모양이 있다.

1단계 멜론처럼 모양이 동글동글한 것에는 어떤 것들이 있을까?

2단계 공 모양은 어떤 특징이 있지?

3단계 멜론을 위, 아래, 옆으로 잘랐을 때 자른 면은 각각 어떤 모양이 나올까?

정답 : ✕ / 여러 가지 공(야구공, 농구공, 축구공…), 동그란 과일(수박, 오렌지…), 구슬 등 / 여러 방향으로 잘 굴러간다. 어느 방향에서 보아도 모양이 같다 등 / 어느 방향에서 잘라도 모두 원 모양이 나온다.

 ## 쌀 1kg을 수확하는 데 필요한 물은?

우리가 매일 먹는 밥은 쌀로 짓는단다. 쌀 포장지를 살펴보면 10kg, 20kg, 40kg 등 무게가 쓰여 있어. kg은 무게 단위야. 무게 단위에는 kg 외에도 g(1kg=1,000g), t(1t=1,000kg) 등이 있어.

쌀 1kg을 수확하려면 물이 얼마나 필요할까? 보통은 물 1,000L가 필요해. 1L짜리 페트병으로 1,000개가 있어야 한다는 말이지. 500mL 생수병이나 우유갑으로 계산하면 2,000개가 필요한 거야.

설거지할 때 수돗물을 20분 동안 틀면 물을 약 110L 사용하게 돼. 설거지를 하루에 3번씩 3일 동안 하면 쌀 1kg을 얻기 위해 필요한 물을 모두 사용하는 거와 같아. 그런데, 물을 받아 놓고 설거지하면 약 36L를 사용하게 되어 훨씬 물 절약이 되지.

우리 생명을 유지시켜 주는 물과 쌀. 이젠 쌀을 위해서라도 물을 아껴 써야겠지?

 ○✕ 퀴즈
쌀 1Kg을 수확하는 데 필요한 물의 양은 1L이다.

1단계 물을 받아 놓고 설거지를 20분 동안 하면 틀어 놓고 설거지했을 때보다 물을 얼마나 아낄 수 있을까?

2단계 쌀 2kg을 수확하는 데 필요한 물의 양은 2,000L야. 10L짜리 페트병이 몇 개 있어야 할까?

3단계 1L=1,000mL란다. 우리가 먹는 음료수 통에 적힌 1.2L는 몇 mL일까?

정답 : ✕ / 약 74L를 아낄 수 있다.(110-36=74) /
200개(2,000÷10=200) / 1,200mL

눈송이는 어떤 모양일까?

겨울에 내리는 눈송이를 확대해서 본 모습이야. 정말 아름답지? 눈송이를 잘 관찰해 봐.

눈송이에서 공통점을 찾았니? 눈송이 모양이 모두 육각형이네!

눈은 얼음 덩어리로, 공기 중의 수증기가 찬 기운을 만나 얼어서 땅 위로 떨어지는 거야. 기온이 내려가면 물 분자의 움직임이 느려지는데, 이때 분자들끼리 서로 끌어당겨 육각 대칭 형태를 이루게 되지. 이 육각 대칭일 때 물 분자가 가장 안정적인 구조란다.

육각형은 꼭짓점과 변이 각각 6개씩 있는 도형이란다.

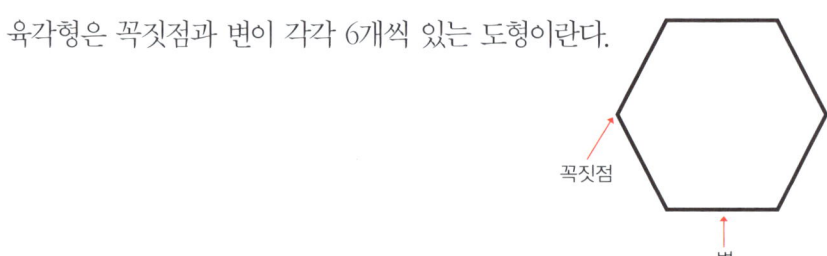

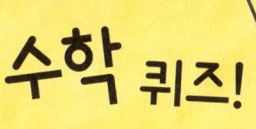

 O✕ 퀴즈

육각형은 변이 6개이다.

1단계 육각형 안에 정삼각형은 모두 몇 개 들어가지?

2단계 육각형은 대칭인 두 사각형을 붙여 놓은 모양이야.
그 사각형의 이름은 뭘까?

3단계 육각형에 있는 변의 수, 꼭짓점의 수, 각의 수를 모두 더하면?

정답 : O / 6개 / 사다리꼴 / 18개(변 6개, 꼭짓점 6개, 각 6개)

3장

생활 속 수학 퀴즈

 ## 지하철 요금은 어떻게 정해지는 거야?

다들 지하철 타 봤지? 지하철은 탈 때와 내릴 때 교통카드를 두 번 단말기에 대야 해. 중간에 환승 게이트를 거치게 되면 횟수가 더 추가되지만 말이야. 그런데 왜 이렇게 여러 번 교통카드를 단말기에 찍어야 할까?

그건 지하철 요금이 거리에 따라 달라지기 때문이야. 서울지하철은 교통카드를 사용했을 때 10km까지는 1,250원을 내지. 그리고 10km 초과 50km 이내의 거리를 갈 경우에는 매 5km마다 100원씩 요금이 추가돼. 50km를 넘어서면 8km씩 초과될 때마다 100원의 추가 요금이 붙는단다.

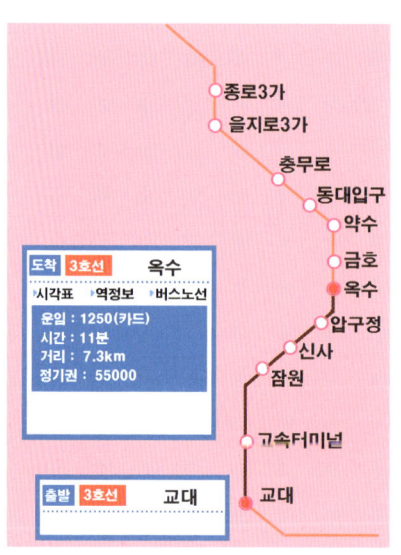 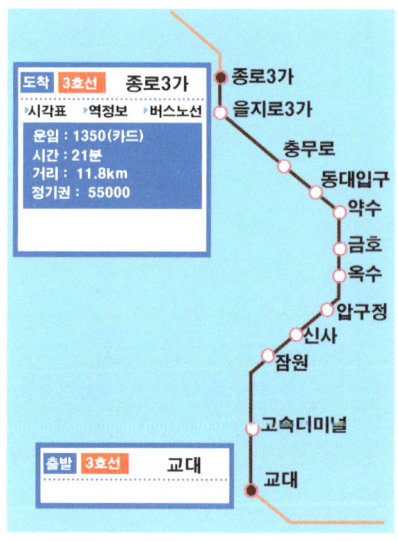

만약 교대에서 옥수까지 간다면 거리가 7.3km로 10km 이내이므로 기본요금 1,250원만 내면 돼. 그러나 종로3가까지 간다면 거리가 11.8km로 기본 거리보다 1.8km를 더 갔기 때문에 추가 요금 100원을 더해 1,350원을 내야 하는 거지.

 OX 퀴즈

지하철 요금은 타는 횟수에 따라 요금이 달라진다.

1 단계 서울지하철을 타고 16km 거리를 갔다면 요금은 얼마일까?

2 단계 서울지하철을 타고 65km 거리를 갔다면 요금은 얼마일까?

3 단계 서울지하철 어린이 요금은 기본 요금 1,250원에서 350원을 제한 값에 50%가 할인된 금액이야. 얼마일까?

정답 : × / 1,250+200=1,450(원). 6km를 더 갔기 때문에 200원의 추가 요금이 붙음. / 기본 요금 1,250원. 10km 초과 50km까지 요금은 800원(40÷5=8, 8×100=800). 50km 초과 요금은 100원(8km마다 100원의 추가 요금이 붙으며 15km를 더 갔기 때문에 100원이 붙음.). 총 요금은 1,250+800+100=2,150(원) / 1,250−350=900, $900 \times \frac{50}{100} = 450$(원)

 ## 신용카드는 왜 그런 크기로 만들었을까?

공책이나 신용카드는 어느 회사나 크기가 거의 비슷해. 왜 그런 걸까?
그 이유를 알아보기 위해 먼저 공책과 신용카드의 가로(짧은 쪽)와 세로(긴 쪽) 길이를 재어 볼래? 그런 다음에 긴 변의 길이를 짧은 변의 길이로 나눠 봐. 어때? 비슷한 값이 나오지?

물건의 종류	짧은 변의 길이	긴 변의 길이	비의 값 (긴 변÷짧은 변)
신용카드	5.3cm	8.5cm	1.6
사진	10.15cm	15cm	1.48
공책(A4)	21cm	29.7cm	1.41

황금비에 맞춰 물건을 만들었기 때문이야. 황금비는 전체 길이를 둘로 나눴을 때, 전체와 긴 선분의 비율이 긴 선분과 짧은 선분의 비율과 같은 것을 말해. 이것을 숫자로 나타내면 약 1.618:1이야.

```
    1.618        1
A━━━━━━━━━━━━━C━━━━━B
```

이 황금비로 물건을 만들면 보기에도 가장 아름답다는 사실!

○✕ 퀴즈

신용카드는 가로와 세로 길이가 황금비와 가깝게 만들어졌다.

1단계 주변에 있는 물건의 긴 변과 짧은 변의 길이를 잰 후 비의 값을 구해 봐.

2단계 황금비로 이루어진 우리 주변의 물건들에는 어떤 것들이 있을까?

3단계 태극기의 긴 쪽 길이가 약 450mm, 짧은 쪽 길이가 약 300mm라고 할 때, 긴 쪽의 길이를 짧은 쪽의 길이로 나누어 보면?

정답 : ○ / TV, 창문, 엽서, 신용카드나 명함, 태극기, A4용지 등 네모 모양의 물건들 중에는 황금비를 가지고 있는 것들이 많다. / 450÷300=1.5

얼마나 싼 거야?

봄 정기 세일, 여름 정기 세일, 폭탄 세일! 이런 세일 광고 자주 봤지?

세일 광고에 등장하는 20%, 30% 등을 백분율이라고 해. 백분율은 전체 수량을 100으로 했을 때 어떤 수가 차지하는 비율이야. 기호는 %(퍼센트)를 쓰지.

예를 들어 사탕 100개 중에서 20개를 백분율로 나타내면 $\frac{20}{100} \times 100 =$ 20(%), 사탕 200개 중에서 20개를 백분율로 나타내면 $\frac{20}{200} \times 100 = 10$(%)가 되는 거야.

1,000원에 팔던 과자를 20% 세일한다면 얼마를 싸게 파는 걸까? 1,000원의 20%는 전체 금액 1,000원을 100으로 나눈 것 중 20에 해당하는 양이야. 그러니까 $1,000 \times \frac{20}{100} = 200$(원)이지. 1,000원짜리 과자를 200원 할인받아 800원에 살 수 있다는 거야.

다시 말해 20% 세일을 한다고 하면, 원래 금액의 80%에 해당하는 값만 지불하면 되는 거란다.

 O× 퀴즈

백분율은 퍼센트라고 읽는다.

1단계 100개 중에서 10개를 백분율로 나타내면?

2단계 1,000원짜리 과자를 2개 묶어서 1,500원에 파는 것과, 1,000원짜리 과자를 20% 할인받아서 2개 사는 것 중 어느 것이 더 쌀까?

3단계 10,000원에 팔던 티셔츠를 40% 할인한다면 얼마에 살 수 있는 걸까?

정답 : O / $\frac{10}{100} \times 100 = 10(\%)$ / 20% 할인받으면 $1,000 \times \frac{20}{100} = 200$(원)이므로 1개에 800원에 살 수 있으며, 2개를 사면 1,600원이다. 따라서 1,000원짜리 과자를 2개 묶어서 1,500원에 파는 경우가 더 저렴하다. / $10,000 \times \frac{40}{100} = 4,000$(원), $10,000 - 4,000 = 6,000$(원). 또는 40% 할인은 원래 금액의 60%와 같으므로 $10,000 \times \frac{60}{100} = 6,000$(원)

 ## 물을 절약하는 방법에는 뭐가 있지?

가정에서 수돗물을 언제 가장 많이 사용할까? 샤워할 때? 설거지할 때? 모두 아니야. 가장 많이 사용하는 때는 화장실에서 똥이나 오줌을 싸고 물을 내릴 때라는 사실!

4인 가족 기준으로 양변기 물 내리는 용도로 하루 평균 255L의 물을 쓴대. 2L짜리 생수 125병을 물 내릴 때 쓴다고 생각해 봐. 어마어마하지?

물이 없는 생활을 한번 상상해 봐. 아유~, 생각만 해도 냄새나고 찝찝해! 우리나라도 물 부족 국가라는데, 이제부터라도 물을 절약해야겠지? 우선 화장실 물만 아껴도 상당한 양을 절약할 수 있어.

화장실 물을 절약하기 위해 대소변을 구분해서 물을 내릴 수 있는 절수형 변기를 설치하면 좋겠지만 그러려면 복잡해지니까 좀 더 쉽고 간편한 방법을 알려 줄게. 물을 채운 병이나 벽돌을 물탱크 안에 넣어 두는 거야. 이렇게 간단한 방법만으로도 하루에 물을 100L나 아낄 수 있단다.

 ○✕ 퀴즈

양치할 때 양치 컵에 물을 받아서 이용하면
물을 절약할 수 있다.

1 단계 변기 물탱크 안에 벽돌을 넣으면 하루 100L의 물을
절약할 수 있다고 할 때, 일주일이면 물을 얼마만큼 절약할 수 있지?

2 단계 4인 가족이 260L의 물을 사용했다면, 한 사람당 평균
물을 얼마만큼 사용한 걸까?

3 단계 4인 가족이 1일 화장실 사용에 250L의 물을 사용했어. 그런데
물탱크 안에 벽돌을 넣어 하루 100L의 물을 절약했다면 몇 %의
절약 효과가 있는 셈일까?

정답 : ○ / 100×7=700(L) / 260÷4=65(L) / $\frac{100}{250}$×100=40(%)

미국 동전 한국 동전, 어떻게 다르지?

　미국 동전의 종류로는 1센트(Penny 페니), 5센트(Nickel 니켈), 10센트(Dime 다임), 25센트(Quarter 쿼터), 50센트(Half Dollar 하프 달러), 100센트(Dollar 달러)가 있어. 1센트는 에이브러햄 링컨(16대 대통령), 5센트는 토머스 제퍼슨(3대 대통령), 10센트는 프랭클린 D. 루즈벨트(32대 대통령), 25센트는 조지 워싱턴(초대 대통령), 50센트는 존 F. 케네디(35대 대통령), 1달러는 사카가위아(미국 원주민)의 얼굴이 새겨 있지. 어? 그런데 모두 옆모습이네? 옆모습이 구별이 쉽기 때문이래.

　한국 동전의 종류로는 10원(다보탑), 50원(벼이삭), 100원(이순신 장군), 500원(두루미)이 있어.

　동전에 넣는 그림은 각 나라마다 나라를 상징하는 중요한 것을 정해 넣어. 그래서 나라별 동전을 자세히 살피면 그 나라의 문화를 더욱 잘 이해할 수 있지.

 O✕ 퀴즈

미국 동전에는 75센트 동전이 있다.

1 단계 미국에서 25센트짜리 종이를 사려면 어떤 동전이 필요하지? 여러 경우를 생각해 봐.

2 단계 한국에서 750원짜리 가위를 사고 1,000원을 내면 거스름돈으로 어떤 동전을 받을 수 있지? 여러 경우를 생각해 봐.

3 단계 환율이 1달러에 1,100원일 때, 2달러를 우리나라 동전으로 어떻게 바꿀 수 있지? 여러 경우를 생각해 봐.

정답 : ✕ / 25센트 동전 1개, 1센트 25개, 5센트 5개, 10센트 2개와 5센트 1개 등 / 100원짜리 2개와 50원짜리 1개, 50원짜리 5개, 10원짜리 25개 등 / 2달러면 2,200원을 바꿀 수 있지. 500원짜리 4개와 100원짜리 2개, 100원짜리 22개 등 여러 가지 방법으로 바꿀 수 있다.

뭐라고 부르지?

사람의 수를 셀 때는 한 사람, 두 사람(또는 한 명, 두 명)이라고 하고, 강아지를 셀 때는 한 마리, 두 마리라고 하지. 그 밖에도 재래시장에 가면 계란 한 판, 마늘 한 접 등 물건을 셀 때 부르는 다양한 단위를 들을 수 있을 거야. 우리 생활에서 자주 쓰이는 단위들을 한번 살펴볼까?

묶은 개수	단위	뜻	예시
1	모	두부나 묵을 세는 단위	두부 한 모, 묵 세 모
	사리	국수, 새끼, 실 등 뭉치를 세는 단위	국수 한 사리
	벌	옷, 그릇 등 짝을 이룬 한 덩어리를 세는 말	옷 한 벌
2	켤레	신, 버선 등 두 짝을 한 벌로 세는 단위	구두 두 켤레
	손	조기, 고등어 등 생선 2마리	고등어 한 손
20	두름	물고기나 나물을 짚으로 두 줄로 엮은 것. 한 줄에 10마리(모숨)씩 모두 20마리(모숨)이다. *모숨 : 길고 가느다란 물건의 한 줌 분량	조기 한 두름
	제	한약 20첩 *첩 : 약봉지를 세는 단위	한약 한 제
	쾌	북어 20마리	북어 한 쾌
	축	오징어 20마리	오징어 한 축
30	판	계란 30알	계란 한 판
100	접	감, 마늘, 무, 배추 100개	마늘 한 접
	동	곶감 100접	곶감 한 동
	톳	김 100장	김 한 톳

 ○× 퀴즈
고등어 2마리를 한 손이라고 부른다.

1단계 동해에 가서 오징어 두 축을 샀다면 오징어는 모두 몇 마리일까?

2단계 김 800장으로 몇 톳을 만들 수 있지?

3단계 곶감이 한 동 있어. 곶감이 모두 몇 개일까?

정답 : ○ / 40마리(한 축은 20마리이므로 20×2=40) / 8톳(800÷100=8) / 10,000개(곶감 한 동=곶감 100접, 곶감 한 접=곶감 100개이므로 100×100=10,000)

 ## 왜 돈이 늘어나지?

땡그랑 한 푼, 땡그랑 두 푼~! 돼지 저금통에 동전을 모아 본 적 있니?

돼지 저금통에는 저금한 돈만 모이지만, 은행에는 저금한 돈과 함께 이자까지 모을 수 있어. 그 이유는 바로 금리 때문이지.

금리란 원금에 대한 이자의 비율을 말해. 세금을 매기지 않는다고 가정했을 때, 1년 금리가 10%인 은행에 원금 1만 원을 저금하고 1년 후 찾으면, 원금인 1만 원과 함께 금리 10%에 해당하는 이자까지 받을 수 있다는 뜻이지.

이자 = 원금 × 금리

그렇다면 위 계산식을 이용해 이자가 얼마인지 계산해 볼까? 10%를 소수로 고치면 0.1이야. 그래서 1만 원을 저금했을 때 1년 이자는

10,000 × 10% = 10,000 × 0.1 = 1,000

결국 1년 후 찾는 돈은 원금 1만 원에 이자 천 원을 더한 11,000원이야.

수학 퀴즈!

○× 퀴즈

금리와 이자는 같은 말이다.

1단계 1년 금리 5%인 은행에 5,000원을 저금하면 1년 후 이자는 얼마나 늘어나지?

2단계 세뱃돈으로 생긴 10만 원을 금리 4%인 은행과 5%인 은행에 1년 동안 넣었을 때 이자의 차이는 얼마일까?

3단계 금리 3%인 은행에 100만 원을 1년간 저금했다면, 1년 후에 원금과 이자를 합한 돈은 얼마일까?

정답 : × / 5,000×5%=5,000×0.05=250(원) / 1,000원(100,000×4%=100,000×0.04 =4,000, 100,000×5%=100,000×0.05=5,000, 5,000−4,000=1,000) / 1,030,000원 (1,000,000×3%=1,000,000×0.03=30,000, 1,000,000+30,000=1,030,000)

 ## 표지판에 뭐라고 써 있지?

도로를 걷다 보면 다양한 표지판을 보게 돼. 위험이나 주변 사항 등을 알리기 위해 누구나 쉽게 알아볼 수 있는 기호나 그림, 글씨 등을 이용하여 표지판을 만들지.

표지판이 세모, 네모, 동그라미 모양이지? 수학 시간에는 세모를 삼각형, 네모는 사각형, 동그라미는 원이라고 불러.

'세'는 세 개를 뜻하고, '네'는 네 개를 뜻하는 건 알겠는데, '모'는 무슨 뜻이냐고? '모'는 물건의 귀퉁이를 말해. 도형에서는 선과 선의 끝이 만난 곳이지.

OX 퀴즈

 도형에서 선과 선의 끝이 만난 곳을 '면'이라고 한다.

1 단계 세모, 네모, 동그라미를 수학에서 쓰는 용어로 바꾸면?

2 단계 아래 표지판에서 변은 몇 개이지?

3 단계 아래 표지판을 설명하는 글의 빈칸을 채워 봐.

자전거주차장 표지판은 ▢▢형 모양이고, 자동차전용도로 표지판은 ▢ 모양이야. 자전거주차장 표지판 모양의 변의 수와 자동차전용도로 표지판 모양의 변의 수를 합하면 ▢ 야.

정답 : × / 삼각형, 사각형, 원 / 원은 변이 없다. / 사각, 원, 4

67

맨홀 뚜껑은 왜 동그랗까?

길을 걷다 보면 둥근 모양의 맨홀을 보게 되지. 맨홀은 땅속에 묻은 수도관이나 하수관 등을 검사하거나 청소하기 위해 사람이 드나들 수 있게 만든 거야.

정사각형은 대각선의 길이가 한 변의 길이보다 더 길어~!

그런데 그 맨홀 뚜껑이 구멍 속으로 빠지기라도 하면 정말 위험하겠지?

그래서 맨홀 뚜껑이 구멍 안으로 떨어지지 않도록 하기 위해 둥글게 만들어. 원은 모든 지점에서 지름이 같으니까 어느 방향으로 두어도 절대 구멍 안으로 빠지지 않겠지? 꼭 원 모양이 아니더라도, 원의 지름처럼 모든 폭이 일정하면 어느 방향에서나 같은 길이라서 구멍에 빠지지 않아. 그래서 정폭도형도 맨홀에 쓰인단다.

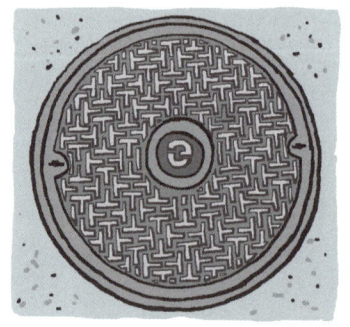 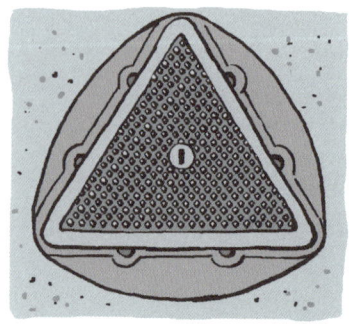

수학 퀴즈!

 OX 퀴즈

맨홀은 주로 원 모양이다.

1단계 사각형을 맨홀 뚜껑으로 쓰면 위험한 이유는?

2단계 둥근 원 모양은 왜 맨홀 구멍으로 빠지지 않지?

3단계 정폭도형이 우리 생활에 이용되는 예를 들어 봐.

정답 : O / 대각선 길이가 한 변보다 길어 구멍 안으로 뚜껑이 빠질 수 있다. / 원의 지름은 모든 지점에서 길이가 같으므로 어느 모양으로 두어도 구멍 안으로 빠지지 않는다. / 바퀴, 기타 피크(기타 줄을 튕길 때 사용하는 도구) 등

골판지 안에 왜 삼각형이 들어 있지?

택배 물건이 파손되지 않고 잘 보관되는 이유가 뭔지 알아?

그건 다 삼각형 덕분이야. 택배 상자는 사각형인데 삼각형과 무슨 상관이냐고?

택배 상자를 가위로 한번 잘라서 옆의 단면을 봐 봐. 두꺼운 종이 사이에 무수하게 많은 삼각형이 보이지?

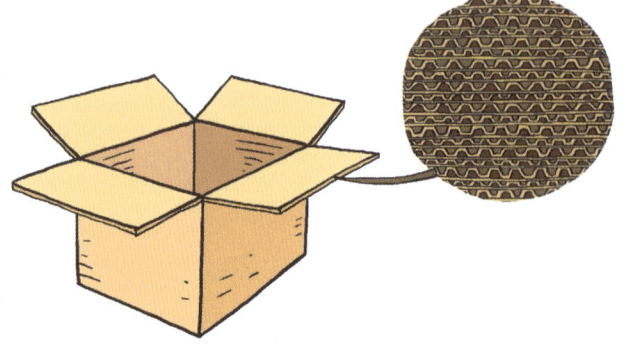

택배 상자는 골판지로 만들어. 골판지는 도톰한 겹으로 되어 있는데, 겹을 잘 살펴보면 그 속에 삼각형 모양의 빈 공간이 아주 많아.

삼각형은 위에서 누를 때 아주 안정적이야. 왜냐하면 삼각형의 꼭짓점은 서로 반대되는 옆 변들을 통해 힘을 땅으로 분산시키지. 그래서 다른 도형은 위에서 누르면 찌그러지지만 삼각형은 모양이 변하지 않아.

이와 같은 이유로 수많은 삼각형들로 만들어진 골판지 상자가 가볍고 튼튼한 거란다.

수학 퀴즈!

OX 퀴즈

골판지는 튼튼하지만 무거운 단점이 있다.

1단계 골판지 사이에 있는 수많은 삼각형의 빈 공간이 하는 일은?

2단계 책과 책 사이에 종이 한 장을 놓고 그 위에 계란을 올릴 수 있는 방법은?

3단계 우리 생활 주변에서 삼각형의 힘을 이용한 예를 들어 봐.

정답: × / 종이 상자를 가볍고 튼튼하게 만들어 준다. / 종이를 계단 접기 한 후 계란을 올리면 골판지처럼 삼각형 구조가 생겨 계란을 안전하게 올릴 수 있다. / 자전거 프레임(몸체), 다리, 에펠탑 등

내 발에 맞는 신발 사이즈는 뭘까?

신발 가게에 가면 사이즈별로 진열해 놓은 선반에서 내 발 크기에 맞는 신발을 고르지? 우리나라 신발은 대부분 5mm 단위로 있어. 그런데 cm와 mm는 어떤 관계일까?

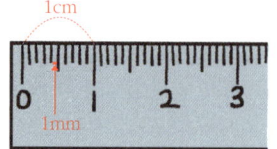

센티미터와 밀리미터는 길이를 재는 단위야. 1cm=10mm이지.

그래서 신발 사이즈 215mm는 21cm 5mm와 같고 21.5cm(이십일 점 오 센티미터)라고 읽어.

미국이나 유럽은 우리나라와 달리 호수로 신발 사이즈를 표시해. 그런데 어른 남자와 여자, 어린이의 신발 호수가 달라. 그러니 해외에서 신발을 살 때는 사이즈를 제대로 확인하는 것이 중요해.

한국(mm)		210	220	230	240	250	260
미국	남	–	–	5	6.5	7.5	9
	여	4	5	6	7.5	8.5	10
일본		21	22	23	24	25	26
유럽	남	–	–	36.5	38	39	41
	여	34	35.5	36	37.5	38.5	40

〈아마존 닷컴 참고〉

 ○✗ 퀴즈
우리나라 신발은 20mm 단위로 사이즈가 있다.

1단계 12cm는 몇 mm일까?

2단계 왼쪽 표를 통해 알 수 있는 일본의 신발 사이즈 단위는?

3단계 발 사이즈가 240mm인 어른 여성이 유럽에서 신발을 사려면 몇 호를 골라야 할까? 왼쪽 표를 보고 답해 봐.

정답 : ✗ / 120mm / cm / 37.5

73

 ## 똑똑한 컴퓨터가 0과 1만 안다고?

현대 사람들은 컴퓨터를 끼고 살아. 어려운 계산도 척척 해내고, 정보도 순식간에 찾아 주는 똑똑한 컴퓨터! 그런 컴퓨터가 0과 1만 안다고?

우리는 계산할 때 십진법을 사용해. 십진법이란 0, 1, 2⋯, 9의 10개의 숫자를 사용하여 수를 나타내는 방법이야.

그런데 컴퓨터는 전류가 흐르면 1, 흐르지 않으면 0으로 인식해. 즉 0과 1만을 사용하는 이진법을 쓰지. 비트는 이진법의 한 자리를 표시하는 정보량의 최소 단위야.

1비트(bit)는 2개의 정보 표시 0, 1
2비트(bit)는 4개의 정보 표시 00, 01, 10, 11
3비트(bit)는 8개의 정보 표시 000, 001, 010, 011, 100, 101, 110, 111
⋮
8비트(bit)=1바이트(byte)

OX 퀴즈

컴퓨터는 1과 2를 쓴다.

1단계 전기가 꺼졌을 때 컴퓨터는 신호를 어떻게 이해할까?

2단계 정보의 개수가 1비트(bit)는 2개, 2비트(bit)는 4개, 3비트(bit)는 8개야. 어떤 규칙이 있을까?

3단계 4비트가 만들 수 있는 정보의 개수는 몇 가지일까?

정답 : × / 0 / 2배씩 커진다. / 16가지

기저귀가 썩는 데 100년이 걸린다고?

일회용 기저귀가 썩는 데 얼마나 걸릴까? 놀라지 마. 100년이 걸린대. 한 사람이 태어나서 사용한 기저귀가 그 사람이 죽는 날까지도 썩지 않고 남아 있을 수 있다는 거지.

그럼 어제 내가 먹고 버린 일회용 도시락과 나무젓가락은? 스티로폼으로 만든 일회용 도시락은 500년이 지나야 썩고, 나무젓가락도 20년이나 걸린대. 이러다가 우리 모두 쓰레기 더미에 갇혀 살게 될지도 몰라. 그런 일이 일어나지 않으려면 일회용품 사용을 줄여야겠지?

우리가 사용하는 샴푸, 생수병, 우유갑 등의 뒷면을 살펴보면 위와 같은 재활용 표시가 있을 거야. 이 표시를 잘 보고 같은 종류끼리 모아서 버리면 그것들이 모여 새로운 물건으로 다시 태어난대.

조금 귀찮아도 우리가 사는 지구를 위해 일회용품 사용을 줄이고, 분리 배출을 실천하기로 약속해~!

수학 퀴즈!

 ○✗ 퀴즈
우유갑은 재활용할 수 있다.

1단계 나무젓가락이 썩는 데 20년이 걸린다고 할 때, 2016년에 내가 버린 나무젓가락은 언제쯤 썩을까?

2단계 나무 한 그루로 노트 200권을 만들 수 있다고 할 때, 나무 100그루로 만들 수 있는 노트의 양은?

3단계 종이컵 65개를 모으면 재생 화장지 1롤을 만들 수 있다고 해. 우리나라 종이컵의 연간 사용량이 10억 개이면, 재활용했을 때 약 몇 개의 재생 화장지를 만들 수 있을까?

정답 : ○ / 2016+20=2036(년) / 200×100=20,000(권) / 재생 화장지 약 1,500만 개를 만들 수 있다. (1,000,000,000÷65≒15,384,615)

나라별 인구수를 읽을 수 있니?

2016년 5월을 기준으로 우리나라 인구는 약 51,601,265명이야. 이 수를 읽으면 오천백육십만 천이백육십오 명이야.

세계에서 인구가 가장 많은 나라는 중국이고, 2위는 인도이지.

나라	십억	억	천만	백만	십만	만	천	백	십	일	읽기
중국	1	3	6	7	4	8	5	3	8	8	십삼억 육천칠백사십팔만 오천삼백팔십팔
인도	1	2	5	1	6	9	5	5	8	4	십이억 오천백육십구만 오천오백팔십사
러시아											일억 사천이백사십이만 삼천칠백칠십삼
영국				6	4	0	8	8	2	2	
요르단					8	1	1	7	5	6	4	

〈출처:CIA The World factbook〉

러시아는 세계에서 가장 땅이 넓은 나라인데 인구수로는 9위를 했어. 중국은, 인구는 1위지만 땅 넓이로는 세계에서 4위야. 우리나라는 어떨까? 인구는 26위, 땅 넓이는 109위야.

수학 퀴즈!

 OX 퀴즈

654321을 읽으면 육십오만 사천삼백이십일이다.

1단계 러시아의 인구를 읽고 수로 쓰면?

2단계 영국과 요르단의 인구를 읽으면?

3단계 2050년에 세계 인구가 100억 명을 넘을 거래. 100억을 수로 쓴다면 0은 몇 개일까?

정답 : O / 142,423,773 / 영국-육천사백팔십만 팔천이백이십이
요르단-팔백십일만 칠천오백육십사 / 10개(10,000,000,000)

어떤 피자가 크지?

너희 피자 좋아하지? 피자는 둥근 원 모양으로 되어 있어. 한입 베어 물면 짭조름하고 고소한 치즈 맛이 최고지.

한 식당에 이런 포스터가 붙었대.

"더 큰 피자의 조각을 고르면 피자를 공짜로 쏘겠습니다~!"

포스터에는 피자 그림은 보여 주지 않고 피자를 자른 조각의 크기를 분수로 표시했어.

분수로 표시되어 있으니까 아리송하지? 어떤 피자의 조각이 더 클까? 4보다 8이 더 크니까 $\frac{1}{8}$이 더 큰 걸까?

힌트를 살짝 줄게. $\frac{1}{4}$은 피자 1개를 4조각 낸 것이고, $\frac{1}{8}$은 피자 1개를 8조각 낸 거야. 이제 어떤 피자 조각이 더 큰지 알겠니? 과연 더 큰 피자의 조각을 골라 공짜로 피자를 먹을 수 있을까?

수학 퀴즈!

○× 퀴즈
$\frac{1}{4}$, $\frac{1}{8}$ 같은 수를 분수라고 한다.

1단계 피자 1개를 9조각 낸 것을 분수로 나타내면?

2단계 $\frac{1}{4}$조각 피자와 $\frac{1}{8}$조각 피자 중 어떤 게 더 크지?

3단계 $\frac{1}{2}$, $\frac{1}{3}$, $\frac{1}{4}$, … $\frac{1}{8}$, $\frac{1}{9}$ … 분모의 크기가 커질수록 피자의 크기는 어떻게 될까?

정답 : ○ / $\frac{1}{9}$ / $\frac{1}{4}$ / 점점 작아진다.

음악에도 수학이 있다고?

4분의 3박자는 어떻게 연주해야 할까? 그건 한 마디 안에 4분음표가 3번 있다는 뜻이야. 즉 4분음표를 1박으로 했을 때 3박이 들어 있다는 거지. 악보를 봐 봐. 한 마디 안에 3박이 들어 있지?

음표에도 수학이 숨어 있어. 아래 표를 보렴.

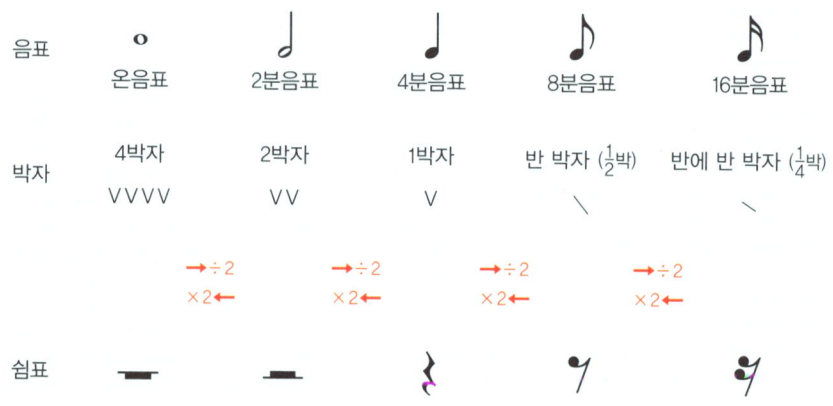

그러니까 8분음표 2개와 16분음표 4개는 4분음표 1개와 같고, 4분음표 2개는 2분음표 1개와 같지.

그리고 악보 시작 부분에 쓰여 있는 "♩=110"라는 부호가 보이지? 이건 빠르기를 나타내는 건데, 1분 동안 4분음표를 110번 연주하는 빠르기로 연주하라는 뜻이야.

 O✕ 퀴즈
4분음표 1개는 16분음표 2개와 같다.

1 단계 4분음표 (♩) 1개와 2분음표(♩) 1개를 합하면 모두 몇 박자이지?

2 단계 16분음표(♪) 몇 개가 있어야 1박자가 되지?

3 단계 8분음표(♪)로 4박자를 나타내려면 모두 몇 개가 필요할까?

정답 : ✕ / 1+2=3(박자) / 4개 / 8분음표 2개가 1박자이므로 2×4=8(개)

83

 ## 들이와 부피가 다른 거야?

그릇의 부피와 그릇 안을 가득 채운 물의 부피는 같을까? 아니, 그릇의 두께가 있기 때문에 물의 부피가 더 작아.

그렇다면 부피와 들이는 어떤 관계가 있을까? 부피는 어떤 입체가 공간에서 차지하는 크기이고, 들이는 그릇 안쪽 공간의 크기(부피)야.

부피=가로×세로×높이라는 식을 이용해서 구할 수 있어.

그리고 들이를 구하려면 그릇 자체 크기가 아닌 실제 물건이 담기는 그릇 안쪽의 가로, 세로, 높이를 알아야 해. 그러려면 그릇의 원래 크기에서 그릇의 두께만큼을 빼고 계산해야겠지?

그래서 같은 부피의 그릇이더라도 두께가 두꺼우면 담을 수 있는 물의 양이 줄기 때문에 그릇의 들이도 작아지지.

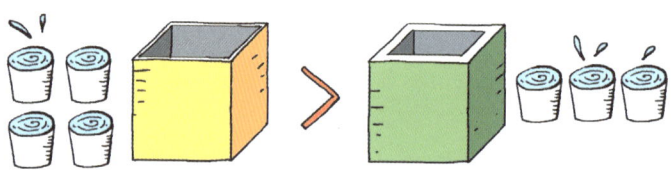

부피와 들이의 단위 관계는 다음과 같아.

 =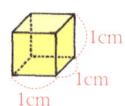

1cm³ = 1mL
부피 단위   들이 단위

 OX 퀴즈

들이와 부피는 같다.

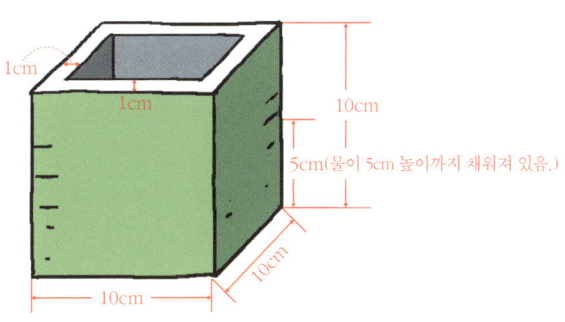

1단계 위 그림에서 보이는 그릇의 부피는 얼마일까?

2단계 위 그림에서 보이는 그릇의 들이는 얼마일까?

3단계 위 그림에서 그릇 안에 들어 있는 물의 들이는 얼마일까?
그릇의 바닥과 테두리 두께는 각각 1cm야.

정답 : × / 10×10×10=1,000(cm³) / 8×8×9=576(mL) /
8×8×4=256(mL)

85

캔 음료는 왜 원기둥 모양일까?

공 모양은 속에 내용물을 채웠을 때 가장 많은 양을 담을 수 있어. 그래서 과일은 대부분 공 모양이지. 그런데 캔 음료는 왜 공 모양이 아니고 원기둥 모양일까?

공 모양의 캔 음료가 있다고 상상해 봐. 어떤 문제가 생길까?

공 모양으로 된 통이 이리저리 굴러서 높이 쌓을 수 없고, 통 속의 내용물들이 마구 섞이게 되지. 또한 자꾸 흔들려서 음료수 속에 탄산가스 기포가 생길 거야. 이런 문제점이 발생하지 않도록 하기 위해 원기둥 모양을 선택하게 된 거야.

또한 원기둥 모양은 통을 만들 때 삼각기둥이나 사각기둥 등 다른 모양의 각기둥보다 재료가 적게 들어 제작 비용을 줄일 수 있단다.

수학 퀴즈!

 OX 퀴즈

캔 음료를 원기둥 모양의 통에 담는 이유는
보관이 편리하기 때문이다.

1 단계 높이와 폭이 같을 때 음료수가 가장 많이 들어가는 것은
어떤 모양일까?

①   ②   ③   ④

2 단계 빨대에 직사각형 모양의 색종이를 붙여서 빨리 돌리면 어떤 모양으로
보일까?

3 단계 원기둥의 특징을 이야기해 봐.

정답 : O / ④ / 원기둥 / 둥근 부분을 굴리면 한 방향으로 굴러간다.
평평한 곳을 바닥에 놓으면 세워진다 등

4장

이야기가 있는 수학 퀴즈

네이피어 막대로 곱셈을 한다고?

계산기가 없던 시절에는 복잡한 계산을 어떻게 했을까? 영국의 수학자 네이피어는 곱셈 구구를 막대로 만들어 곱셈을 정확하고 빠르게 계산하는 법을 개발했어. 이를 자신의 이름을 따서 네이피어 막대라고 불렀지.

그럼 36×8을 네이피어 막대를 이용하여 구해 볼까?

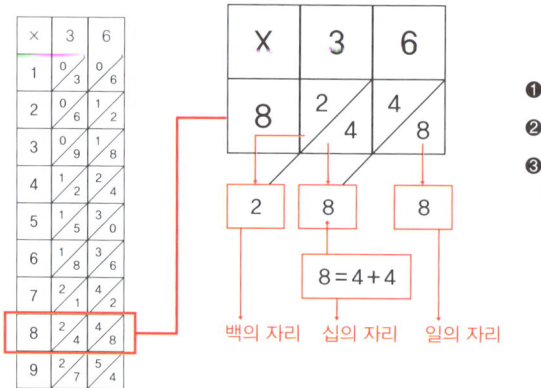

❶ 3단과 6단 막대를 나란히 놓는다.

❷ 곱하는 수 8을 찾아 표시한다.

❸ 대각선 방향으로 자릿값에 맞추어 더하되, 더한 값이 10을 넘어가면 윗자리로 받아올림을 한다.

수학 퀴즈!

 OX 퀴즈

네이피어가 만든 '네이피어 막대'를 이용하여 나눗셈을 쉽게 할 수 있다.

1단계   12×3을 네이피어 막대를 이용하여 구할 때 ☐ 안에 들어갈 수는?

×	1	2
3	0/3	0/6

백의 자리 ☐ , 십의 자리 ☐ , 일의 자리 ☐

2단계   34×4를 네이피어 막대를 이용하여 구할 때 ☐ 안에 들어갈 수는?

×	3	4
4	1/2	1/6

백의 자리 ☐ , 십의 자리 ☐ , 일의 자리 ☐

3단계   36×9를 네이피어 막대를 이용하여 구할 때 ☐ 안에 들어갈 수는?

×	3	6
9	2/7	5/4

백의 자리 ☐ , 십의 자리 ☐ , 일의 자리 ☐

정답 : × / 036. 일의 자리 6, 십의 자리 3, 백의 자리 0 / 136. 일의 자리 6, 십의 자리 3, 백의 자리 1 / 324. 일의 자리 4, 십의 자리 2(5+7=12에서 10을 넘어가는 수는 받아올림을 한다.), 백의 자리 3(받아올린 1과 원래 있던 수 2를 더한다.)

숫자 사이의 쉼표는 어디에 찍지?

일, 십, 백, 천, 만, 십만, 백만, 천만, 억, 십억, 백억, 천억……

큰 수를 읽을 때는 네 자리씩 만 단위에서 끊어 읽어. 그런데 왜 숫자로 표기할 때는 쉼표를 이렇게 100,000,000 세 자리마다 찍는 거지?

네 자리마다 찍으면 10,0000(십만), 100,0000(백만), 1000,0000(천만) 이렇게 한눈에 읽기도 쉬운데 말이야.

서양의 수 세기 방법은 우리나라와 달리 세 자리마다 새로운 단위가 나와. 그러니까 영어로는 100,000을 읽을 때 Thousand(천)가 100개 있는 셈이니, a hundred thousand라고 읽으면 되는 거지.

수 모형을 한번 그려서 살펴볼까? 아래 그림을 보렴. 일은 작은 정육면체 상자 모양, 10은 길쭉한 막대 모양, 100은 넓적한 판 모양, 1,000은 다시 일 모형처럼 정육면체 상자 모양이 되지.

어때? 수 모형이 세 자리를 기준으로 규칙적으로 반복되지?

○✕ 퀴즈

십만을 숫자로 쓰고
쉼표를 숫자 사이에 넣으면 100,000이다.

1 단계 1000이 100개 모이면 얼마가 될까?

2 단계 123,456을 우리나라말로 어떻게 읽지?

3 단계 10억의 15배를 수로 쓰고 우리말로 읽으면?

정답 : ○ / 10,000 / 십이만 삼천사백오십육 /
1,000,000,000×15=15,000,000,000, 150억

시계 속에 저 문자도 숫자라고?

벽시계나 손목시계에서 Ⅰ, Ⅱ, Ⅲ, Ⅳ… 기호를 본 적 있지? 그림 같기도 하고, 글자 같기도 한 저게 바로 1, 2, 3, 4와 같은 숫자란다. 고대 로마 사람들이 실제로 사용했지.

Ⅰ	Ⅱ	Ⅲ	Ⅳ	Ⅴ	Ⅵ	Ⅶ	Ⅷ	Ⅸ	Ⅹ
1	2	3	4	5	6	7	8	9	10
XX	XXX	XL	L	LX	LXX	LXXX	XC	C	D
20	30	40	50	60	70	80	90	100	500

Ⅰ은 1을 가리키고, Ⅱ는 2를 뜻하지. 근데 Ⅳ가 4를 뜻한다고? 어떤 이유일까? 고대 로마 사람들은 반복해서 쓰는 횟수를 줄이려고 덧셈 뺄셈의 원리를 이용해서 숫자를 만들었대.

이렇게 1, 5, 10, 50, 100, 500마다 새로운 숫자를 만들어 놓고, 숫자의 오른쪽에 숫자를 쓰면 그만큼 더했고, 왼쪽에 쓰면 뺐단다.

5−1=4 ⅠⅤ   ⅤⅠ 5+1=6

어때? 원리를 아니까 쉽지?

수학 퀴즈!

 ○× 퀴즈
로마 숫자는 12까지 있다.

1단계 XII는 아라비아 숫자로 몇일까?

2단계 IV + VI = ?

3단계 61을 로마 숫자로 나타내면?

정답 : × / 12 / 4+6=10이므로 10을 로마 숫자로 나타내면 X / LXI

좁쌀 한 톨로 부자가 될 수 있다고?

옛날에 수학을 좋아하는 주원이라는 친구가 있었어. 어느 날 주원이가 다리를 건너고 있는데 한 꼬마가 강에 빠져 허우적거리고 있는 거야. 주원이는 얼른 강물에 뛰어들어 꼬마를 구해 주었지.

꼬마는 옆 동네 최 부자댁 7대 독자의 손자였어. 최 부자는 주원이에게 소원 한 가지를 들어주겠다고 했어. 주원이가 뭐라고 했게?

"좁쌀 한 톨만 주세요. 그리고 내일은 오늘의 두 배만큼, 그다음 날은 전날의 두 배만큼, 이렇게 해서 매일매일 그 전날의 두 배만큼 주세요."

"참 욕심이 없구나. 그래 어려운 부탁도 아니니 당장 들어주마."

그렇게 해서 최 부자는 주원이에게 좁쌀을 주게 된 거야.

오늘은 좁쌀 한 톨, 두 번째 날은 좁쌀 두 톨, 세 번째 날은 좁쌀 네 톨…

1일 2일 3일 4일 5일

과연 이 소원을 최 부자가 계속 들어줄 수 있을까?

 ○× 퀴즈

주원이는 다섯 번째 날 좁쌀 16톨을 받게 된다.

1단계 주원이가 세 번째 되는 날까지 받은 좁쌀은 모두 몇 톨일까?

2단계 주원이는 일곱 번째 날 좁쌀을 몇 톨 받을 수 있을까?

3단계 주원이가 좁쌀을 1,000톨 이상 받을 수 있는 날은 몇 번째 날일까?

정답 : ○ / 7톨(1+2+4) / 64톨(1, 2, 4, 8, 16, 32, 64) /
열한 번째 날(1,024톨)

# 큐드럼을 어디에 사용하지?

보통 성인 한 명이 하루에 필요한 물은 순수한 물로는 2L 정도이고, 커피나 국처럼 물을 넣은 음식까지 포함하면 3~5L 정도가 필요해. 생각보다 물이 많이 필요하지?

아프리카에서는 물이 매우 귀해서 물을 뜨러 몇 km나 떨어진 먼 곳을 가야 해. 물을 뜨러 가다가 맹수에게 습격당하기도 하고, 주로 여자나 아이들이 물을 뜨러 가기 때문에 한 번에 떠 오는 물의 양도 적지.

그래서 디자이너 한스 핸드릭스라는 사람이 큐드럼을 만들었어. 생긴 모습이 알파벳 Q(큐)와 닮아서 큐드럼이라고 이름 지었지.

양동이나 물통을 들고 몇 km를 가다 보면 힘도 많이 들고 물을 흘리기도 해. 그런데 큐드럼은 드럼통 모양에 달린 줄을 잡아당기면 바퀴처럼 잘 굴러가. 게다가 물을 50L나 담을 수 있고, 뚜껑이 달려 있어 물을 흘릴 염려도 없어. 아프리카 친구들에게 꼭 필요한 물건이지?

이런 기술을 적정기술이라고 해. 우리 친구들도 아프리카 사람들에게 도움이 되는 아이디어를 많이 내길 기대할게.

 O✕ 퀴즈

보통 성인 한 명이 하루에 필요한 물은
순수한 물로 10L이다.

1 단계 1L=1,000mL라면 생수 1.5L는 몇 mL일까?

2 단계 큐드럼으로 하루에 2번 물을 길어 오면 물의 총량은 얼마나 될까?

3 단계 성인 한 명이 하루에 필요한 물이 5L일 때, 부부 두 사람이 큐드럼 50L로 얼마 동안 지낼 수 있을까?

정답 : ✕ / 1,500mL / 100L(50×2=100) /
5일(두 사람이 하루에 필요한 물의 양 5×2=10, 50÷10=5)

병뚜껑 톱니 개수는 몇 개일까?

병뚜껑에 있는 톱니 개수를 세어 본 적 있니?

없다고? 그럼 톱니가 달린 병뚜껑을 찾아서 개수를 한번 세어 봐. 병뚜껑의 크기가 크건 작건 톱니 개수는 21개로 같아.

1890년경 미국의 발명가 윌리엄 페인터 부부가 21개의 톱니가 있는 이 왕관 뚜껑을 발명했어. 페인터 부부는 허술한 병뚜껑으로 인해 상한 음료를 먹고 크게 아픈 적이 있었어. 근처에 병원이나 약국도 없었기에 엄청나게 고생했지. 그래서 이를 계기로 음식을 잘 보관할 수 있는 병뚜껑을 발명하기로 마음먹었다고 해.

그들은 이 병뚜껑을 만들기 위해 5년여 동안 수많은 실패를 했지. 그러다가 마침내 일정한 방향과 간격으로 원을 이루는 7개의 정삼각형에서 나오는 21개의 꼭짓점들로 톱니를 만들었어. 정삼각형은 세 변의 길이가 같고, 세 각의 크기는 모두 60°로 같아.

이렇게 병뚜껑을 만들면 병 속의 내용물을 상하지 않게 보관할 수 있고, 병뚜껑을 딸 때도 적당한 힘만 주면 되지.

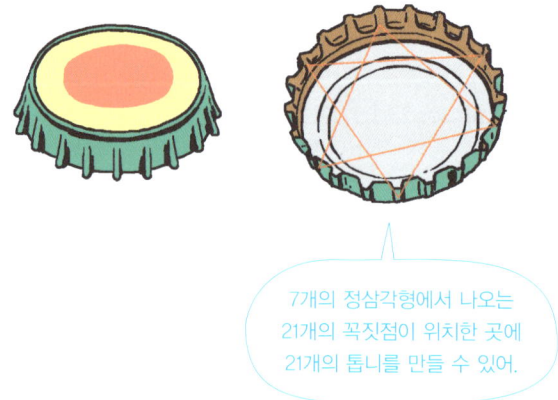

7개의 정삼각형에서 나오는 21개의 꼭짓점이 위치한 곳에 21개의 톱니를 만들 수 있어.

 O✕ 퀴즈

왕관 뚜껑에는 25개의 톱니가 있다.

1단계 만약 톱니의 수가 30개라면 왕관 뚜껑에서 볼 수 있는 정삼각형은 몇 개일까?

2단계 삼각형 내각의 합이 180°일 때 정삼각형 한 각의 크기는?

3단계 7개의 정삼각형의 내각을 모두 더하면 몇 도일까?

정답 : ✕ / 10개(30÷3=10) / 60°(180÷3=60) / 1,260°(180×7=1,260)

 튼튼한 돌탑을 쌓으려면?

선덕여왕은 신라 제27대 임금으로, 우리나라 최초 여왕이야. 선덕여왕 때 첨성대가 지어졌는데, 이는 동아시아에 현존하는 가장 오래된 천문대이지.

첨성대를 살펴보면 돌끼리 엇갈려서 쌓았어. 왜 줄을 맞추지 않고 이렇게 쌓았을까?

돌은 무거워서 위에서 누르는 힘(압축력)은 강한데, 바람이나 옆에서 주는  충격(횡력)에는 약해. 만약 첨성대를 만들 때 엇갈리지 않고 줄을 맞춰서 똑같이 쌓았다면 약한 횡력 때문에 금방 무너져 버리고 말았을 거야.

그런데 서로 엇갈려 돌을 쌓으면 위에서 내려오는 힘이 양 옆으로 골고루 나눠져서 쉽게 무너지지 않지.

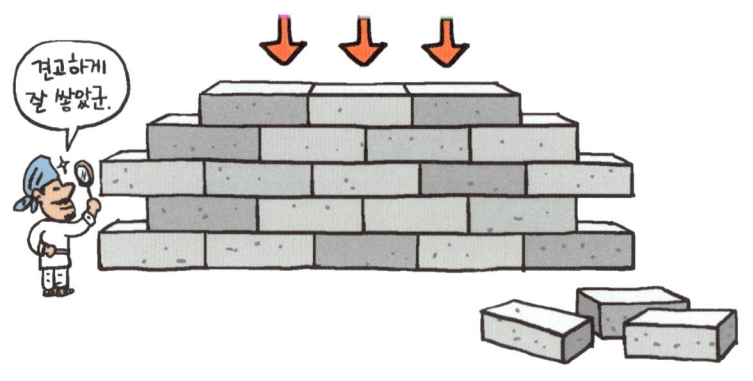

○✗ 퀴즈

벽돌은 상자 모양이다.

1 단계 높이 50cm짜리 벽돌로 10층 탑을 쌓았어. 탑의 높이는 몇 m나 될까?

2 단계 유나는 벽돌을 쌓아 만든 10층 탑을 보았어. 꼭대기에는 돌이 1개, 위에서 두 번째 줄은 돌이 2개 있었지. 아래로 내려갈수록 돌이 1개씩 늘어나는 탑이었는데, 모두 몇 개의 벽돌이 사용되었을까?

3 단계 유나가 쌓은 성벽이야. 규칙을 찾아보고, 벽돌이 모두 몇 개인지 알아볼까?

정답 : ○ / 500cm=5m / 55개(1+2+3+4+5+6+7+8+9+10=55 또는 11×5=55) / 맨 아래층에 벽돌이 7개 있고, 위로 한 층씩 올라갈 때마다 오른쪽과 왼쪽에서 벽돌이 1개씩 줄어든다. 1+3+5+7=16, 벽돌은 총 16개이다.

한옥 처마는 왜 들려 있을까?

한옥은 우리나라 전통 건축 양식으로 지은 집이야. 전통을 간직한 한옥이 멋도 있으면서 과학적이란 사실이 알려지면서 요즘 한옥에 대한 관심이 늘고 있어.

왜 한옥에 햇볕이 잘 들까? 그건 바로 처마가 가진 비밀 때문이야. 대개 처마는 폭이 넓으면서 양 끝으로 갈수록 위쪽으로 살짝 들려 있어. 처마가 하는 역할은 비나 눈이 집 안으로 들이치지 않게 하면서, 여름엔 뜨거운 햇볕을 막고 반대로 겨울엔 햇볕이 집 안으로 잘 들게 해 주지.

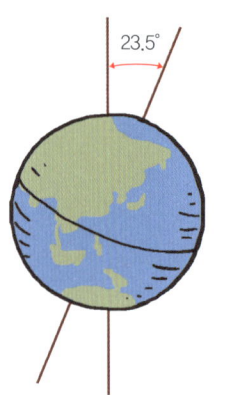

그 원리는 바로 해가 비추는 각도를 활용하는 데 있어. 지구의 자전축은 23.5° 기울어져 있기 때문에 햇빛이 지상에 꽂히는 각도가 계절마다 달라. 여름에는 햇빛이 수직에 가깝게 비추고, 겨울에는 낮은 각도로 완만하게 비추지.

그런데 한옥은 이 두 각도 사이에 처마를 두어 여름에는 뜨거운 햇볕을 막을 수 있고, 겨울에는 고마운 햇볕을 받을 수 있어.

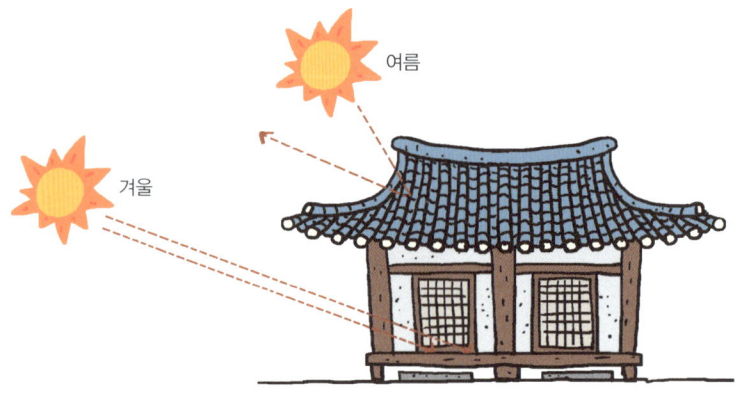

○× 퀴즈

지구의 자전축은 기울어져 있다.

1단계 여름에는 햇빛이 수직에 가깝게 비춘다고 했는데, 수직은 몇 도일까?

2단계 지구 자전축이 기울어지지 않았다면 우리나라는 1년 내내 63°로 햇빛이 비추게 돼. 하지만 자전축 때문에 여름에는 63°에 기울어진 자전축 값 23.5°를 더한 각도로 우리나라를 비추게 돼. 여름에는 몇 도일까?

3단계 겨울에는 63°에서 기울어진 자전축 값 23.5°를 뺀 각도로 햇빛이 비춰. 그렇다면 여름과 겨울의 햇빛의 각도 차이는 얼마일까?

정답 : ○ / 90° / 63°+23.5°=86.5° / 47°
(겨울에 햇빛이 비추는 각도 63°−23.5°=39.5°, 86.5°−39.5°=47°)

1분은 왜 60초일까?

우리가 사용하는 수는 10을 기준으로 하지. 1이 10개 모이면 10, 10이 10개 모이면 100, 100이 10개 모이면 1,000이야. 이렇게 10씩 묶어 자릿값이 올라가는 것을 십진법이라고 한단다.

그런데 시계는 왜 60을 기준으로 할까? 1분은 60초, 1시간은 60분이잖아. 그 기원은 고대 바빌로니아에서 시작되었어. 바빌로니아 사람들은 60을 신기한 숫자라고 생각해서, 십진법이 아닌 60진법을 사용했대. 그래서 고대에는 1년이 360일이었다고 해. 60이라는 수는 2, 3, 4, 5, 6, 10, 12, 15, 20, 30이라는 더 작은 여러 수로 나눌 수 있는 놀라운 수였지.

시계에서 가장 긴 초침이 한 칸 움직일 때 걸린 시간이 바로 1초야. 눈 깜짝할 사이가 바로 1초인 셈이지. 1초가 60번, 즉 초침이 한 바퀴를 돌면 1분이 되고, 분침이 한 바퀴를 돌면 1시간이 된단다.

1초 동안에 할 수 있는 말은 "사랑해!" "고마워!"가 있지. 우리 모두 가족에게 마음을 표현해 보자고.

수학 퀴즈!

 O× 퀴즈
하루는 60시간이다.

1단계 시곗바늘에서 짧은바늘이 3, 긴바늘이 12에 있을 때 시각은?

2단계 일기를 5분 40초 동안 썼다면 몇 초 걸린 걸까?

3단계 컵라면에 물을 붓고 200초를 기다렸어. 몇 분 몇 초를 기다린 걸까?

정답 : × / 3시 / 340초(60×5+40=340) / 3분 20초(200÷60=3…20)

 ## 명절에는 홀수가 왜 두 번 겹칠까?

우리 조상들은 계절에 따라 의미 있는 날을 정해 놓고 기념했는데, 이것을 명절이라고 해.

우리나라의 명절을 몇 개 살펴볼까?

우선 우리 민족 최대 명절인 1월 1일 설날, 제비가 돌아온다며 진달래꽃으로 전을 만들어 먹는 3월 3일 삼짇날, 여자들은 창포물에 머리를 감고 남자들은 씨름을 하는 5월 5일 단오, 1년 동안 서로 떨어져 있던 견우와 직녀가 만난다는 7월 7일 칠석, 제사를 모시고 국화꽃으로 전과 술을 만들어 먹는 9월 9일 중구(중양절)

어때? 공통점을 찾을 수 있겠니? 공통점은 바로 달(월)과 날(일)의 숫자가 모두 홀수라는 거야.

짝수는 2, 4, 6, 8 등과 같이 2로 나누어 떨어지는 수야. 반대로 홀수는 1, 3, 5, 7, 9 등과 같이 2로 나누어 떨어지지 않는 수이지. 그런데 홀수와 홀수를 더하면 짝수가 돼.

조상들은 홀수를 태양(양)의 기운이 강하다고 생각하고, 음수(0보다 작은 수)를 달(음)의 기운이 강하다고 생각했대. 특히 태양의 기운이 강한 수를 운이 좋거나 일이 잘되는 좋은 수라고 생각했어. 그래서 홀수가 두 번 나오는 날을 특별히 더 기억했단다.

수학 퀴즈!

OX 퀴즈

홀수는 1, 3, 5, 7 등과 같이 2로 나누어 떨어지지 않는 수이다.

1단계 짝수와 홀수를 곱하면 어떤 수가 나올까?

2단계 1, 2, 3, 4가 적힌 숫자 카드 중 2개를 뽑아서 더했을 때, 값이 짝수가 나오는 경우는 언제일까?

3단계 1, 2, 3, 4가 적힌 숫자 카드 중 2개를 뽑아서 큰 수에서 작은 수를 뺐을 때, 값이 홀수가 나오는 경우는 언제일까?

정답 : O / 짝수 / 2+4, 1+3(짝수와 짝수를 더했을 때, 홀수와 홀수를 더했을 때 짝수가 나온다.) / 4-1, 4-3, 3-2, 2-1(짝수에서 홀수를 빼거나, 홀수에서 짝수를 뺐을 때 홀수가 나온다.)

# 태극기를 어떻게 그릴까?

삼일절, 제헌절, 광복절, 개천절 등 국경일이 되면 태극기를 달아. 뿐만 아니라 월드컵이나 올림픽 때 우리나라 선수를 응원하면서도 태극기를 흔들지.

청홍색이 맞닿아 있는 태극 문양과 건곤감리 검정색 막대 모양의 괘에는 각각 의미가 있다는데, 한번 살펴볼까?

태극은 음양의 조화, 사괘의 '건'은 천(天, 하늘)·춘(春, 봄)·동(東, 동쪽)·인(仁, 어진 마음), '곤'은 지(地, 땅)·하(夏, 여름)·서(西, 서쪽)·의(義, 의로운 마음), '이'는 일(日, 태양)·추(秋, 가을)·남(南, 남쪽)·예(禮, 공경하는 마음), '감'은 월(月, 달)·동(冬, 겨울)·북(北, 북쪽)·지(智, 지혜)를 뜻한대.

태극기의 가로와 세로 길이는 3:2의 비율로 만들어. 그리고 가운데 태극의 지름은 태극기의 세로 길이의 절반이란다.

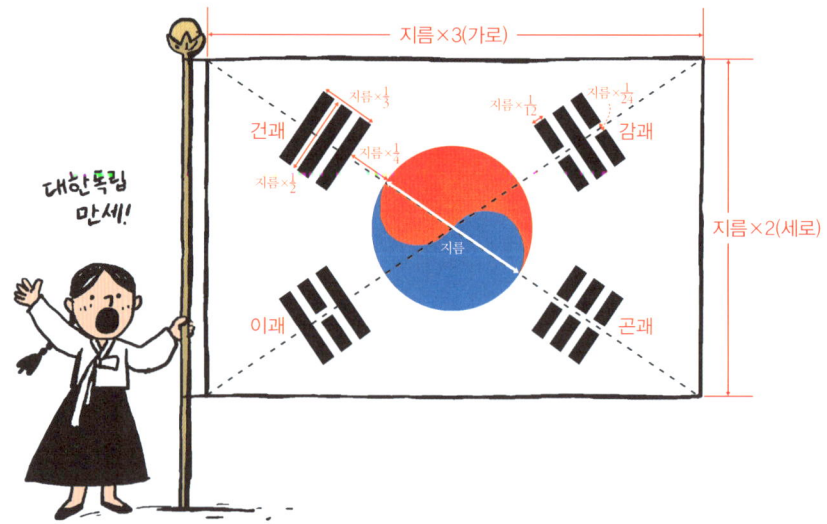

 ○✕ 퀴즈

태극기의 흰색 바탕은 밝음과 순수를 의미한다.

1단계 태극기의 가로 길이가 30cm이면 세로 길이는 얼마일까?

2단계 태극기의 세로 길이가 20cm라면 가운데 태극의 지름은 얼마일까?

3단계 태극기의 세로 길이가 20cm라면 건괘의 긴 쪽 길이는 얼마일까?

정답 : ○ / 20cm(가로:세로=3:2) / 10cm(지름=세로 길이×$\frac{1}{2}$) / 5cm(지름×$\frac{1}{2}$)

 ## 치즈를 만들 때 필요한 우유의 양은?

치즈는 피자를 만들 때 꼭 들어가는 필수 재료야. 종류가 엄청 다양해서 1,000종이 넘을 정도야! 치즈의 이름은 치즈가 만들어진 지역의 이름을 따서 짓는 경우가 많아. 영국 체더 마을의 체더치즈, 프랑스의 카망베르치즈, 스위스의 에멘탈치즈, 우리나라 전북 임실의 임실치즈 등이 지역 이름을 딴 거야.

치즈는 우유로 만들어. 우유 속에 있는 카세인을 뽑아 응고한 후 발효시키면 치즈가 되지. 우유 1,000mL로 치즈 100g을 만들 수 있어. 동일한 무게의 우유와 비교했을 때 단백질은 7배, 칼슘은 5배가 들어 있어.

칼슘은 뼈를 튼튼하게 해 주지. 치즈 100g에는 약 500mg의 칼슘이 들어 있는데, 하루에 2장만 먹어도 1일 칼슘 섭취량을 채울 수 있어. 그래서 골다공증 예방에 좋고, 성장기 아이들에게도 좋단다.

 O✗ 퀴즈
치즈는 우유로 만든다.

1단계 치즈 200g을 만들려면 우유가 얼마나 필요할까?

2단계 치즈 200g을 먹을 때 섭취할 수 있는 칼슘은 얼마나 될까?

3단계 우유 1,000mL를 마실 때와 치즈 200g을 먹었을 때 섭취할 수 있는 칼슘의 양은 얼마나 차이가 날까?

정답 : O / 2,000mL / 약 1,000mg / 500mg
(우유 1,000mL=치즈 100g=칼슘 500mg, 치즈 200g=칼슘 1,000mg)

5장

즐거운 놀이 속 수학 퀴즈

 ## 왜 윷놀이할 때 모는 잘 안 나오지?

윷놀이는 우리나라 사람들이 옛날부터 해 온 전통 놀이야. 설날이나 추석과 같은 명절이 되면 가족이나 친척이 함께 모여서 이 놀이를 하지.

윷가락은 모두 4개야. 윷가락 4개가 모두 등(윷의 둥근 쪽)이 나오면 '모', 모두 배(윷의 납작한 쪽)가 나오면 '윷'이라고 해. 그리고 배가 1개면 '도', 배가 2개면 '개', 배가 3개면 '걸'이지. 윷이나 모가 나와야 말이 더 멀리 갈 수 있어 좋은데, 왜 윷가락을 던지면 모와 윷은 잘 안 나오는 걸까?

먼저 윷가락 4개를 던졌을 때 나올 수 있는 경우를 한번 살펴보자.

1 ○○○○ 윷
2 ○○○● 3 ○○●○ 4 ○●○○ 5 ●○○○ 걸
6 ○○●● 7 ○●●○ 8 ●●○○ 9 ○●○● 10 ●○●○ 11 ●○○● 개
12 ○●●● 13 ●●●○ 14 ●●○● 15 ●○●● 도
16 ●●●● 모

● 윷의 등 쪽   ○ 윷의 배 쪽

이렇게 모두 16가지의 경우가 있는데, 이 중에 개가 나올 확률이 6가지로 가장 높아. 그리고 윷과 모는 각 1가지로 확률상으로 나오기 어렵겠지?

 OX 퀴즈

도가 나오면 말을 한 칸 움직인다.

1단계 도, 개, 걸, 윷, 모 중에서 가장 많이 나올 수 있는 것은?

2단계 도, 개, 걸, 윷, 모 중에서 나올 수 있는 확률이 같은 것끼리 짝지어 봐.

3단계 윷을 던져 도가 나올 확률을 분수로 나타내면?

정답 : O / 개 / 윷–모, 도–걸 / $\frac{4}{16} = \frac{1}{4}$

 ## 리그전, 토너먼트전이 뭐지?

월드컵은 4년에 한 번씩 열려. 그런데 경기하게 되는 나라들은 어떻게 정해지는 걸까? 경기 방식에는 리그전과 토너먼트전이 있어.

월드컵을 예로 들면 예선전에서는 전 세계 대륙별로 참가한 국가별 리그전으로 32팀을 가려. 그리고 4개국씩 8조로 나눈 후, 같은 조에 속한 팀들과 한 번씩 조별 리그전을 치러서 상위 2팀씩 16팀을 가리는 거지.

이후 16강부터는 토너먼트전으로 경기를 치러. 8강과 4강을 거쳐 마지막 결승전까지 진출한 두 팀 중에서 우승 팀을 가리게 되는 거지.

그러면 리그전과 토너먼트전의 차이가 뭘까?

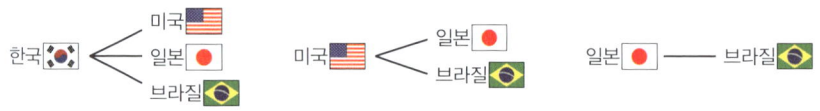

리그전: 대회에 참가한 모든 팀이 각각 돌아가면서 한 차례씩 경기를 치른다.
경기 횟수={(팀의 수)×(팀의 수−1)}÷2

토너먼트전: 추첨에 의해 대결할 팀이 정해지며, 이긴 팀끼리 다시 경기를 치른다.
경기 횟수=(팀의 수)−1

수학 퀴즈!

 ○✕ 퀴즈

월드컵은 토너먼트전으로만 경기가 진행된다.

1단계 리그전과 토너먼트전 중에서 더 많은 경기를 치러야 하는 경우는?

2단계 월드컵 16강에 진출한 팀들의 우승을 가리려면 총 몇 번의 경기를 치러야 할까?

3단계 만약 10개의 나라가 리그전으로 축구 경기를 치른다면, 총 몇 번의 경기를 해야 할까?

정답 : ✕ / 리그전 / 15번(16−1=15) / 45번(10×9÷2=45)

119

내 몸의 겉넓이는 어떻게 구하지?

입체도형을 이루고 있는 모든 면의 넓이의 합을 겉넓이라고 해. 그러면 오른쪽 그림과 같은 직육면체의 겉넓이는 어떻게 구할까?
6개의 면을 모두 더하면 되겠지?

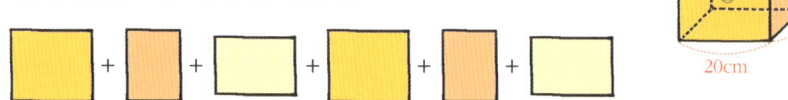

어라? 서로 마주 보는 면은 크기도 모양도 같은 합동인 도형이 2개씩이네. 그렇다면 3개의 면을 더한 값을 두 배하면 겉넓이가 나오겠군.

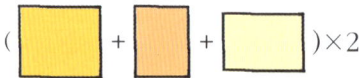

그런데 가로, 세로, 높이가 일정하지 않은 우리 몸의 겉넓이는 어떻게 구할까?

이런 궁금증을 가진 독일의 한 예술가가 $1cm^2$짜리 스티커 수천 개로 온 몸을 덮은 후, 그 스티커를 모두 떼어 개수를 셌대. 그랬더니 모두 18,360개의 스티커가 사용되었더래. 그는 이 실험을 통해 자기 몸의 겉넓이가 $18,360cm^2$임을 알게 되었지.

 O× 퀴즈

직육면체 모양으로 편지함을 만들려면 직사각형 8개가 필요하다.

1 단계 왼쪽 그림에서 ①의 넓이는?

2 단계 왼쪽 그림에서 ②의 넓이는?

3 단계 왼쪽 편지함의 겉넓이는?

정답 : ×(6개) / 20×15=300(cm²) / 20×20=400(cm²) /
(①+②+③)×2=(300+400+300)×2=2,000(cm²)

거울로 재미있는 놀이를 할 수 있다고?

거울을 자주 보는 친구들 많지? 보통 거울을 정면에 두고 하나만 보는데, 두 개를 가지고 재밌는 놀이를 할 수 있단다. 두 개의 거울을 가지고 물건을 보면 각도에 따라 거울에 비치는 물체의 수가 달라지거든.

거울 두 개에 비치는 상의 개수 = $\dfrac{360°}{거울의\ 사잇각}$

*값이 짝수이면 1을 뺀다.

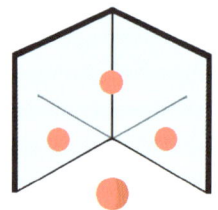

90°일 때 상의 개수 3개

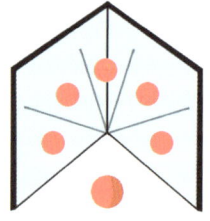

60°일 때 상의 개수 5개

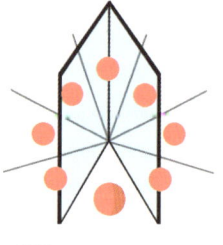

45°일 때 상의 개수 7개

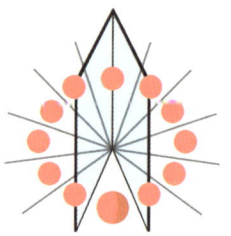

30°일 때 상의 개수 11개

〈두 개의 거울이 이루는 각과 상의 개수〉

○× 퀴즈

거울에 비친 모습은 좌우가 바뀌어 보인다.

1 단계 2개의 거울에 비치는 상의 개수가 무엇에 따라 달라질까?

2 단계 거울의 사잇각이 180°일 때 비치는 상의 개수는?

3 단계 거울의 사잇각이 커질수록 비치는 상의 개수는 어떻게 될까?

정답 : ○ / 두 거울 사이의 각도 / 1개 / 적어진다.

주사위는 왜 모두 정다면체일까?

게임할 때 주사위를 많이 사용해. 주사위를 굴려 순위를 정하기도 하고, 나온 숫자만큼 게임 판의 말을 움직이기도 하지.

그런데 주사위에도 수학이 숨어 있어. 어떤 내용인지 살펴볼까?

일반적인 주사위의 모양은 정육면체로 되어 있어. 그리고 1부터 6까지의 숫자가 적혀 있지. 그런데 마주 보는 두 수는 (1, 6), (2, 5), (3, 4)로 두 수를 합하면 각각 7이 돼.

주사위는 꼭 정육면체 모양만 있는 것이 아니야. 다양한 모양의 주사위가 있지만, 공통점은 모두 정다면체라는 사실! 정다면체는 변의 길이와 각이 모두 같은 합동인 다각형으로, 정사면체, 정육면체, 정팔면체, 정십이면체, 정이십면체의 다섯 종류가 있어.

그런데 주사위는 왜 꼭 정다면체여야만 할까?

그건 주사위를 던졌을 때 각 면이 나올 수 있는 확률이 같아야 하기 때문이지.

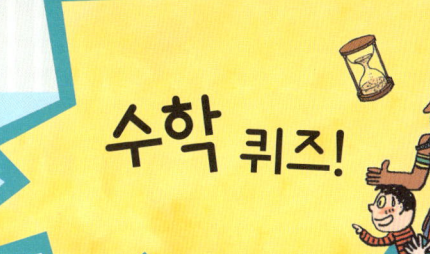

수학 퀴즈!

OX 퀴즈

정육면체 주사위에서 마주 보는 숫자의 합은 7이다.

1 단계 정육면체 주사위에는 어떤 숫자가 있을까? 숫자를 모두 적어 봐.

2 단계 정육면체 주사위의 한 면에 숫자 5가 적혀 있어. 마주 보는 면에는 어떤 숫자가 있을까?

3 단계 정육면체 주사위 2개를 던져서 나온 숫자끼리 곱했을 때, 나올 수 있는 수 중 가장 큰 수와 가장 작은 수는 각각 뭘까?

정답 : O / 1, 2, 3, 4, 5, 6 / 2 / 36과 1(6×6=36, 1×1=1)

# 롤러코스터에도 수학이?

놀이동산에서 롤러코스터를 타 본 적 있니?

수평으로 달리다가 오르막길을 올라가고, 어느 순간 급하게 아래로 떨어지지. 이때 모두들 비명을 지르며 놀라곤 하잖아.

그런데 신기하게도 머리가 아래로, 다리가 위로 향하게 거꾸로 있었는데 한 바퀴 돌고 제자리에 오니 거꾸로 있지 않네? 같은 위치인데 어떻게 이런 일이 있을 수 있는 거지?

그건 바로 롤러코스터가 '뫼비우스의 띠' 모양이기 때문이야. 뫼비우스의 띠는 독일의 수학자 뫼비우스가 발견했단다. 어느 지점에서 띠의 중심을 따라 이동하면 출발한 곳과 반대 면에 도달할 수 있어. 그리고 계속 나아가면 두 바퀴를 돌아 처음 위치로 돌아오게 되지.

기다란 직사각형 종이의 끝과 끝을 붙일 때 한쪽 끝을 180도 뒤집어 꼬아 붙이면 뫼비우스의 띠가 만들어진단다.

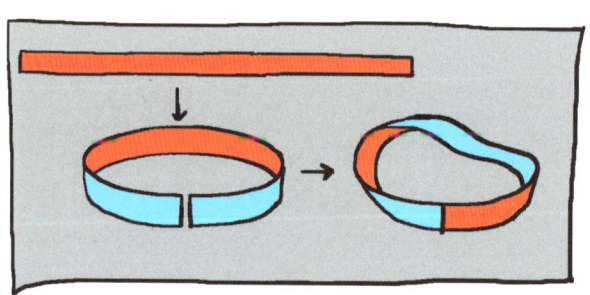

뫼비우스의 띠는 수학뿐 아니라 과학, 미술에도 많이 쓰이고 있어. 재활용 마크도 뫼비우스의 띠 모양이지. 에셔라는 네덜란드의 화가 역시 이 모양을 작품에 많이 사용하였단다.

 OX 퀴즈

롤러코스터와 재활용 마크는 뫼비우스의 띠 모양이다.

1단계 롤러코스터로 한 바퀴 돌면 어떤 모양이 만들어질까?

2단계 키가 120cm 이상이 돼야 롤러코스터를 탈 수 있어. 그런데 내 키는 130cm이고, 동생의 키는 나보다 20cm가 더 작아. 동생의 키는 몇 cm일까? 그리고 동생은 롤러코스터를 탈 수 있을까?

3단계 영선이는 뫼비우스 띠 모양의 롤러코스터를 타고 4바퀴를 돌았어. 영선이는 처음 출발했던 곳과 같은 면에 있을까, 아니면 반대 면에 있을까?

정답 : O / 뫼비우스의 띠 모양 / 동생의 키는 130-20=110(cm)이므로 롤러코스터를 탈 수 없다. / 같은 면(2바퀴를 돌면 처음 출발했던 곳과 같은 면에 있게 된다. 4바퀴는 짝수 바퀴이므로 처음과 같은 면에 있게 된다.)

마방진이 뭐야?

중국에서 전해 오는 이야기가 있어.

하나라의 우 임금이 나라를 다스리던 시절, 황허(중국 북부에 있는 강)가 자꾸 넘쳐서 공사를 자주 해야 했어. 그러던 어느 날 강에서 큰 거북이 나타났는데, 그 거북의 등껍질에는 신비한 무늬가 새겨져 있었어. 거북의 등에 새겨진 것은 1부터 9까지의 숫자를 점의 개수로 나타낸 것이었지.

그 숫자들을 살펴보니 다음과 같은 규칙이 있었어.

가로, 세로로 3개씩 9개의 숫자가 적혀 있고, 가로 방향이든, 세로 방향이든, 대각선 방향이든 세 가지 숫자를 더하면 합이 항상 15로 같았어. 이렇게 가로, 세로, 대각선으로 배열된 각각의 수의 합이 전부 같게 만든 것을 마방진이라고 해.

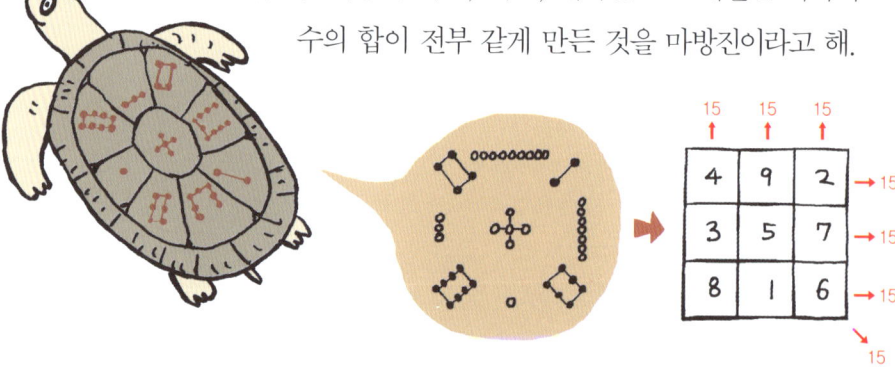

삼국지에 나오는 제갈공명도 이 마방진을 이용하여 군사를 배치했단다. 마방진처럼 군사를 배치하면 어느 방향에서 봐도 군사들의 수가 같아. 그래서 같은 수의 군사로 진을 만들어도 전체 숫자가 더 많아 보여 전쟁에서 유리했다고 해.

수학 퀴즈!

 O✕ 퀴즈

마방진의 대각선에 있는 세 가지 숫자를 더하면 15가 된다.

1단계 거북 등껍질에서 발견된 마방진의 숫자는 모두 몇 개일까?

2단계 마방진의 가로줄에 있는 숫자 세 개를 합하면 얼마일까?

3단계 오른쪽 마방진의 빈칸을 채워 봐.

4	9	2
		7
8	1	

정답 : O / 1부터 9까지 모두 9개 / 15 / 3, 5, 6(왼쪽부터)

 ## 오르락내리락 시소에 수학이 있다고?

몸무게가 비슷한 친구랑 시소를 탈 때, 몸을 뒤로 젖히면 시소가 아래쪽으로 내려가고, 앞쪽으로 몸을 숙이면 시소가 위로 올라갔지?

시소는 지레의 원리를 이용해 만든 놀이기구야. 지레는 무거운 물건을 들 때 사용하는 장치야. 막대의 한 점을 받치는 받침점을 중심으로 한쪽에는 물건을 두고 반대편에서 힘을 가해 물건을 들어 올리지. 이때 힘을 주는 힘점이 받침점에서 멀수록 적은 힘으로 물체를 들 수 있어.

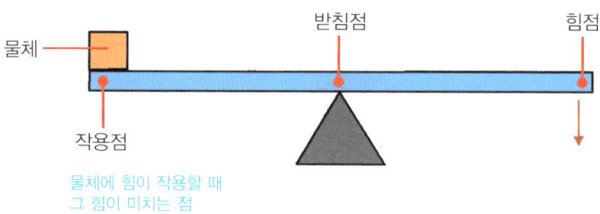

마찬가지로, 시소에서 받침대가 무게중심이 돼. 이 받침대를 기준으로 반대편보다 무게가 가벼울수록 위로 올라가고, 반대편보다 무거울수록 아래로 내려가.

이런 원리를 이용해서 양팔 저울을 만들었어. 양쪽 거리를 같게 하고 무게를 같게 하면 수평이 되지.

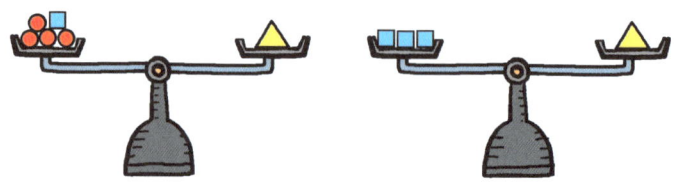

수학 퀴즈!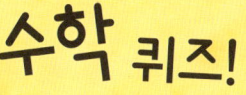

 ○× 퀴즈
시소의 받침점에서 같은 위치에 두 사람이
앉아 있을 때 무거운 쪽으로 시소가 내려간다.

1 단계 지레의 원리를 이용해서 뚜껑을 열 때 긴 드라이버와 짧은 드라이버 중
어떤 것이 뚜껑을 열 때 힘이 덜 들까?

2 단계 아래 그림에서 왼쪽의 여자 아이보다 가벼운 아이가 시소에 타서
수평이 되게 하려면 ①, ②, ③번 중 어느 위치에 타야 할까?

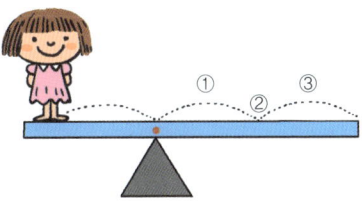

3 단계 왼쪽의 양팔 저울 그림에서 ■의 무게는 ●의 몇 배일까?

정답 : ○ / 긴 드라이버(짧은 드라이버에 비해 힘점이 받침점에서 더 멀다.) / ③ /
2배(●●●●■=■■■ 이므로 양쪽에서 ■를 빼면 ●●●●=■■ 따라서 ●●=■)

달리기의 출발선이 다른 이유는?

단거리 달리기 종목은 100m, 200m, 400m가 있어. 각 종목마다 정해진 코스에서 달려야 하고 다른 사람의 코스로 들어가면 안 돼.

직선에서 출발하는 100m 경기에서는 일직선의 똑같은 출발선에서 출발하지만, 200m와 400m 경기는 코너를 돌아야 하기 때문에 안쪽 코스에서 멀어지는 바깥쪽 코스일수록 더 많이 뛰게 되지.

그래서 공평한 경기를 위해서 각 코스마다 뛰는 거리를 계산해서 출발선을 다르게 한단다. 바깥쪽 코스일수록 안쪽 코스보다 앞쪽에 출발선을 두는 이유지.

만약 똑같은 위치의 출발선에서 출발하게 되면 바깥쪽 코스에서 뛰는 사람은 안쪽 코스로 들어가지 못하기 때문에 코너를 돌 때 더 많이 돌게 되므로 불리하겠지?

그리고 보니 달리기에도 수학이 숨어 있었네?

○✕ 퀴즈

100m 달리기는 출발선이 다르다.

<진호네 반 달리기 기록>

이름	진호	찬미	영수	미진
기록	10초	13초	12초	11초

1단계 진호는 하루에 100m씩 일주일 동안 달리기 연습을 했어. 영수는 하루에 80m씩 10일 동안 달리기 연습을 했고. 누가 더 많이 뛰었을까?

2단계 위 표를 보고 답해 봐. 달리기 기록이 12초 이상인 친구는 누구일까?

3단계 위 표를 보고 답해 봐. 달리기 기록이 10초 이상 12초 이하인 친구는 누구일까?

정답 : ✕ / 영수(진호 100×7=700m, 영수 80×10=800m) / 영수, 찬미 / 진호, 미진, 영수

 ## 종이비행기의 모양은?

종이로 비행기를 접어 본 적 있니? 뾰족한 곳을 앞으로 해서 쓩~ 하고 날리면 멀리도 날아가지.

종이비행기의 모양을 잘 살펴봐. 삼각형을 닮았지? 그런데 양쪽 날개의 길이가 같은 삼각형이란다. 이런 삼각형을 이등변삼각형이라고 해. 두 변의 길이가 같은 삼각형이지.

그런데, 종이비행기의 모양은 왜 이등변삼각형일까?

그건 양쪽의 모양이 똑같아서 어느 한쪽으로 기울어지지 않고 균형을 잘 이루기 때문이야.

옛날 사람들도 이런 장점을 알고 이등변삼각형 모양으로 도구를 만들었어. 구석기 시대의 주먹도끼, 신석기 시대의 돌화살촉이 그렇지. 끝이 날카로우면서도 균형이 잡혀 있어서 동물을 사냥하는 데 유리했대.

수학 퀴즈!

   ○✕ 퀴즈

종이비행기는 두 변의 길이가 같은 삼각형 모양이다.

1단계 종이비행기를 접었는데, 오른쪽 날개의 길이가 8cm였어. 왼쪽 날개의 길이는 얼마일까?

2단계 종이비행기의 두 날개 각을 합했더니 100°였어. 뾰족한 앞부분의 각은 몇 도나 될까?

3단계 영호가 접은 종이비행기의 뾰족한 앞의 각은 70°야. 그렇다면 한쪽 날개의 각은 몇 도일까?

정답 : ○ / 8cm / 80°(삼각형의 내각의 합은 180°이다.) / 55°(180-70=110, 110÷2=55)

135

숫자 놀이에 숨은 법칙을 찾아라!

1은 아주 재밌는 숫자야. 1을 가지고 재미있는 놀이를 해 볼까?

1과 1을 곱하면 1이야.

11과 11을 곱하면 121이 된단다.

그렇다면 111과 111을 곱하면 얼마일까? 신기한 법칙을 알고 있으면 복잡할 것 없어.

자, 그럼 지금부터는 계산기를 사용해 보자!

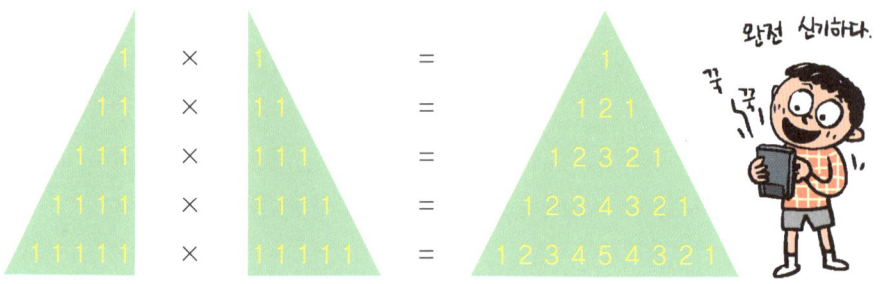

어때? 두 개의 작은 산 모양을 곱하니, 큰 산 모양이 나왔지?

그럼, 이건 어때?

12345679×9 =111,111,111

12345679×18 =222,222,222

12345679×27 =333,333,333

12345679×36 =444,444,444

12345679에 9의 배수를 곱하니까 재미있는 답이 나오지? 계산기를 사용해서 규칙을 찾으면서 재미있는 숫자 놀이를 해 보렴.

 OX 퀴즈

123456789×9=111,111,111이다.

1단계 111111×111111을 계산하면?

2단계 12345679×9=111,111,111이고, 12345679×18=222,222,222야. 계산한 값이 2배 더 큰 이유는 무엇일까?

3단계 12345679에 어떤 수를 곱했을 때 답이 777,777,777이 될까?

정답 : ×(8이 없어야 함.) / 12,345,654,321 / 12345679에 처음에는 9를 곱했지만, 나중에는 9의 2배인 18을 곱했기 때문에 계산한 결과도 2배 더 큰 값이 나온다. / 63(9의 7배인 수)

 # 암호를 풀라고?

현관문, 이메일 계정, 휴대전화 등에 보안을 위해 비밀번호를 걸어 놓았지? 요즘에는 온갖 곳에 남이 알지 못하는 암호를 많이들 사용해.

암호는 전쟁 때 처음으로 사용했어. 고대 그리스와 스파르타가 전쟁할 때, 스파르타군은 스키테일(Scytale)이라는 암호를 처음으로 사용했지. 스키테일은 원통형 막대기를 일컫는데, 암호를 적은 기다란 종이테이프를 이 원통형 막대에 두르고 읽으면 암호가 풀리지.

자, 아래 암호를 풀어 볼까? 암호를 푸는 절대 암호는 '안냐세요'야.

'부로보전군내동으를선대라'

이제 '안냐세요'를 가나다순으로 번호를 매겨 볼까? '냐'가 1번, '세'가 2번, '안'이 3번, '요'가 4번이 되는 거야.

안	냐	세	요
3	1	2	4
동	부	전	선
으	로	군	대
를	보	내	라

그리고 번호 순서대로 빈칸에 '부로보/전군내/동으를/선대라'를 세로로 써 넣는 거야. 자, 이제 가로로 한번 읽어 볼래? 암호가 풀렸지?

수학 퀴즈!

 OX 퀴즈
암호는 전쟁 때 군사적인 이유로 처음 사용하였다.

다음 암호문을 해독해 보자. 절대 암호는 '수학사랑'이야.

마최어자학밌눈자고뜨수재

1단계 절대 암호에 순서를 매겨 볼래?

2단계 절대 암호 순서대로 암호의 글자를 채워 보렴.

3단계 '동부전선으로군대를보내라'를 암호로 만들어 볼래? 절대 암호는 '수학사랑'이야.

정답 : O / 수 학 사 랑 / 선대라전군내동으를부로보
3 4 2 1
눈 뜨 자 마
수 학 사 랑 자 수 학 최
3 4 2 1 고 재 밌 어

수 학 사 랑
3 4 2 1
동 부 전 선
으 로 군 대
를 보 내 라

모래로 시계를 만든다고?

찜질방 안에서 이런 시계를 본 적 있을 거야. 모래시계이지. 모래시계는 건전지도 필요 없고 언제 어디서든 사용할 수 있어. 한쪽에 있는 모래가 다른 한쪽으로 떨어지는 데 걸리는 시간만큼을 재는 거야.

우리도 한번 페트병을 이용해서 5분짜리 모래시계를 만들어 볼까?

준비물은 페트병(500mL) 2개, 고무줄, 두꺼운 비닐, 모래, 고무테이프, 볼펜 또는 샤프, 초시계야.

페트병 하나에 모래를 채운 후, 입구에 비닐을 씌워 고무줄로 묶는다. 그리고 볼펜심이나 샤프를 이용해 비닐에 작은 구멍을 뚫는다.

다른 하나의 페트병을 거꾸로 세워 페트병 입구가 마주 보도록 한다.

모래를 채운 페트병을 뒤집어서 모래가 떨어지는 시간을 잰다. 5분이 되도록 모래의 양을 조절한 후, 고무테이프로 두 개의 페트병을 붙인다.

수학 퀴즈!

 ○✕ 퀴즈

모래시계로 잴 수 있는 시간은 3분이 최대이다.

1단계 위에서 아래로 모래가 떨어지는 데 3분이 걸리는 모래시계가 있어.
6분의 시간을 재려면 어떻게 하면 될까?

2단계 모래시계를 만들 때 페트병 사이를 비닐로 막고 구멍을 뚫지.
구멍의 크기에 따라 모래시계의 시간은 어떻게 달라질까?

3단계 1분짜리 모래시계와 3분짜리 모래시계로 5분을 재는 방법은?

정답 : ✕ / 위에서 아래로 모래가 모두 떨어진 후 뒤집어서 한 번 더 모래가 모두 떨어질 때까지의 시간이 6분이다. / 구멍이 크면 모래가 모두 떨어지는 데 시간이 짧게 걸리고, 구멍이 작으면 모래가 모두 떨어지는 데 시간이 더 오래 걸린다. / 3분짜리 모래시계로 시간을 잰 후 바로 1분짜리 모래시계를 재고 뒤집어 한 번 더 잰다.(그 밖에 다른 방법들도 있다.)